国語の冒険

筑波大学附属小学校
白石範孝 著

三部三年ジョニークラス

北畑美結

　私はこの三年間で三部のジョニークラスが大好きになりました。

　ジョニーに始めて会った時、なんて怖そうな先生と思いました。だから、怒られたくない、と思いました。でも授業が始まるとジョニーの書く字はとてもきれいで話も面白いです。国語の授業は難しいけれど、色々と知ることができて楽しく、ジョニーが好きになりました。

　けれど、私は二年生の後期まで授業で手が挙げられませんでした。でも勇気を出して挙げるようにしたら、ジョニーはちゃんと私の発言を聞いてくれて授業の後にほめてくれました。その後から、私は自信がつき、手を挙げることが怖くなくなりました。

今、思い出すとジョニーはいつも私達をはげましてくれました。一年、二年生と運動会で負けた時、決して怒らず次がんばろうと言ってくれました。清里の美しの森頂上までの長い道のりの時も応援してくれ、頂上前でよくがんばったとタッチしてくれました。ジョニーがいたから三部のみんなは結束できたのだと思います。

私は三部のみんなが優しいし誰といても楽しく感じます。クラスがえまでジョニーと友達と少しでも多くの思い出を作ろうと思います。

筑波大学附属小学校のPTA組織「若桐会」作成の文集「若桐」の原稿より

はじめに

次の四つの漢字を書くとき、第一画目は、それぞれどこでしょうか。

成 皮 原 反

国語の先生たちの集まりでこの問題を出すと、会場がざわつきます。「私はここから」「えっ、こっちじゃないんですか?」といった議論が巻き起こりますが、話はずっと平行線のまま。これといった決め手がないからです。

しかし、漢字の筆順には、もちろん、きまりがあります。この四つの漢字の一画目に関係するものとしては、次の二つがあげられます。

・「がんだれ」の形の部分は、横画から先に書く。

原 → 原　　反 → 反

・交わる線がある形の場合は、左のはらいを先に書く。

皮 → 皮　　成 → 成

この二つのきまりを知っていれば、どこが一画目なのかがわかるだけでなく、「どこから書くんだろう」と意見が食い違ったときに、「だって、こういうきまりがあるんだから、ここから書くんですよ」と言えるはずです。ところが実際には、そういった議論にはなりません。「漢字の筆順には、どんなきまりがありましたっけ?」という話にすらなりません。

これが、「用語」「方法」「原理・原則」などを重視してこなかった、これまでの国語教育を取り巻く状況を象徴しているように私には感じられるのです。

どの教科にも、その教科に関して教えるべき用語や方法、原理・原則があるはずです。

ところがどうしたわけか、国語では、その用語や方法、原理・原則が、明確に示されてきませんでした。行われてきたのは、「イメージと感覚」による授業です。「漢字の筆順を覚えなさい」と言っておきながら、どうしてその筆順で書くのか、筆順にはどんなきまりがあるのかを教えていませんでした。「このあたりから書くんだろうな」というイメージだけで覚えさせようとしてきたのです。

私はこれまで、四十年近くにわたって、小学校の国語教育に携わってきました。その中で、「どうして、こんな教え方をするのだろう」「もっとこう考えるべきではないか」「この部分を子どもたちに教えることが大切なんじゃないか」などと考えることが数多くありました。

今回、長年勤務してきた筑波大学附属小学校を定年退職するのを機に、小学校の国語教育に関して私が見てきたこと、感じてきたこと、考えていることを、あらためて一冊の本にまとめてみました。小学生に国語を教える先生方がめざすべき方向を考えるときの参考にしていただければと、思っています。

本書をまとめるにあたっては、いつも国語について学び合っている仲間たちに何度も集まってもらい、さまざまな意見を聞かせてもらいました。その内容はあまりにも率直で、時には過激に走ることもありましたが、そのまま埋もれさせてしまうのは何とも惜しく、匿名ではありますが「ミーティングルーム」と称して紹介させてもらうことにしました。

また、そのメンバーの一人である田島亮一先生には、「あえて白石範孝の弱点を指摘する」という、何とも刺激的な一文を寄稿していただきました。田島先生とは若い頃から意見をぶつけ合い、切磋琢磨してきた仲です。彼にしか書けない、宝物をいただいた思いです。田島さん、ありがとう。覚えてろよ！

そして、私がこれだけ長い間、教壇に立ち続け、国語に携わってこられたのは、私と共に歩み、私にたくさんのことを教えてくれた子どもたちがいたからです。

私が出会った、すべての子どもたちに、心から感謝します。

本当に、ありがとう。

筑波大学附属小学校
白石 範孝

もくじ

第二章　国語教育でこれを教えてほしい

終章 そして国語は冒険の旅へ……183

ジョニー新聞のこと

ある朝、私が教室に行くと、いつもは登校するなり校庭に遊びに出ていくはずの子どもたちが、いつまでもぐずぐずと教室に残っています。

「どうしたんだ、お前たち。さっさと遊びに行けばいいじゃないか」と言っても、「うーん、でも……」と、妙な雰囲気です。

やがて全員が顔をそろえると、

「先生！　お誕生日おめでとう！」

そう言って、自分たちでつくった作品を渡してくれました。それが「ジョニー新聞」です。こんなものを作ってくれていたなんて、私はぜんぜん知りませんでした。

一人ひとりが私との思い出や、私へのメッセージを書いてくれています。どの一枚を読んでも、最高のプレゼントです。しかもそれを、これまで私が教えてきた「新聞づくり」を活かした形にまとめてくれるなんて！　教師冥利とはこのことです。

教員生活の最後をこの子たちと過ごせて、私は幸せです。

みんな最高の子どもたちだよ！

※「ジョニー新聞」という名前は、私が子どもたちから「ジョニー」と呼ばれていたからです。どうして私がジョニーと呼ばれるようになったのか……。それは、この本のどこかに書いてあります。

ジョニー新聞

2019年4月14日発行
3部2年

白石先生のお誕生日によせて

私は白石先生（ジョニー）の国語のじゅ業が大好きです。ジョニーは、漢字や文章の約束事をたくさん教えてくれるので、本を読むことが楽しくなります。まるで言葉のまほう使いのようなジョニー、お誕生日、おめでとうございます！

三十六番♪福田恭子♪

Happy Birthday! Johnny

スーパー！おじいさんギャグ

ジョニーは、一生けんめいの顔が真面目すぎます。そんなジョニーが時々、「おじいさんギャグだぞ」と言って、クラス全体をシーンとさせたり大ばく笑させたりします。私は、きんちょう感の中に、時々入ってくる、このゆるいふんいきが大好きです。これからもみんなを笑わせて下さい。3-2 一恒松望花

「日本で一番有名な国語の先生とは……」

「その先生とは、白石範孝先生です。あだ名はジョニー。みためはやさしいけど、おこると、とてもこわいです。とくに、オヤジギャグがすきで、いつもみんなをわらわせてくれる明るい先生です。四月十四日がおたん生日です。おたん生日おめでとうございます。」佐々木茜

わたしがたんじょう日ねんに、ひょうしょうじょうをあげようと思います。

白石のり孝先生は、つくば大学ふぞく小学校三部二年の先生です。たんとう科目は、国語です。ぼくたちは、一年生の時から国語習っています。ぼくは先生が大好きです。りお

ゆう気を出してあげた手

アナグマさんはごきげんななめ

「どうしてアナグマがごきげんななめなのか」ということを白石先生がみんなに問題を出した。ぼくの答えはクラス39人のうち一人だけでした。ぼくは、本とうにこの答えでいいのかとまよいましたが、手を上げつづけました。その けっか、ぼくの答えは大当たり「小川くんすごいなー」と言ってくれました。この言葉はいっしょうわすれません。

小川雅裕

ジョニー新聞

2015年4月14日発行

ジョニーのいいところ

私が知っているジョニーのいいところをしょうかいします。
まず、一番目は、やさしいところです。いそがしくても、いつも日記にコメントをかいてくれるので、読むのが楽しみです。
二番目は、おもしろいところです。だじゃれを言ったり、歌をうたったり、いつも元気です。
三番目は、いつも物語のじょうずですてきなお話を教えてくれることです。
私が知っているジョニーのいいところは、もっといっぱいあります。ジョニーは、じまんの先生です。

朝比奈さとみ

二番目 お顔

ジョニーの大好きな所 ベスト5

①いつでも字が上手だから私も上手に書こうと思う。
②日記に、いつもコメントを書いてくれるからかえってくるのが楽しみ。
③合格、王かんシールをくれるから、ていねいに書こうと思う。
④1人1人のたん生日を祝ってくれる。(去年はカード、今年は花)
⑤毎日ハイタッチでおはよう、さようならのあいさつ。

おたん生日おめでとうございます

鈴木美桜

ランキングベスト4

ジョニーに教えてもらってできるようになった事

NO.1 かんさつ日記
今日何をかんさつするのか、かんさつして感じたことを順番通りに書いていくと説明文を書けるようになった。一年生の時は朝顔、二年生でいんげんのかんさつでした。

NO.2 物語文を一文で書く
物語を読んで主人公がこんな事をしたことによって何になったというように一文で書けるようになって、今までたくさんの物語を勉強しました。

NO.3 たけのこぐんたろうになれた
ぼくらものはら村の一員になってのはらネームを持てた。たくさんの詩の勉強をしました。

NO.4 新聞作り
自分のやった事や感心のある事について新聞けるようになった。二年生まで書いた新聞はスケッチブックにはって、ぼくの思い出になります。一番のお気に入りは冬休みに書いた「ヒカリ展」新聞です。

森田康太郎

ジョニーへ

ぼくは出せき番号が1番だから入学式始めてジョニーに会った日に手をつないでもらった。ちょっとドキドキして、はずかしかったよ。

1番
芦沢賢之佑

ジョニーとの二年間

[illegible]優衣

ジョニー
入学式ではじめてジョニーに会った時「こわそうな先生」だなと思いました。でもちゃんとがんばっていれば、優しい言葉でほめてくれる先生です。

国語のじゅぎょう
ジョニーのじゅぎょうは、むずかしいです。でもたまに先生が言ってくれる意味が分かる時があります。分かった時はうれしくて国語すきになります。

ドッジボール
ジョニーとやるドッジボールは気合いが入るので楽しいです。勝った時はいつもよりうれしいです。

わらうジョニー

じゅぎょう中のまじめなジョニー

第一章

私が感じた日本の国語教育の課題

1――「ごんぎつね」の「事実」

現在、国語の定番中の定番の教材となっている「ごんぎつね」。

毎年、日本中の教室で「ごんぎつね」の授業が行われています。

白石先生は、現在の日本の国語教育がかかえる問題点や課題を表す端的な例として、まず、この「ごんぎつね」の授業を取り上げました。

多くの「ごんぎつね」の授業では、撃った相手がごんだったと知ったときの兵十の気持ちや、うなずいたときのごんの気持ちといったことが中心に扱われます。

しかし白石先生は、「多くの授業で、『ごんぎつね』の肝心な部分が読めていない。もしそれを読むことができれば、授業の展開は、今とは違ったものになるはずである。その『肝心な部分』の読み取りがないがしろにされていることに、今の日本の国語教育の課題が現れている」と語ります。

「ごんぎつねの続きの物語」は必要か？

これまで、四十年近くにわたって、小学校の国語教育に携わってきました。

そこでは、さまざまな出会いがあり、多くのことを学ばせてもらいました。その一方で、「これはどうなんだろう……」と疑問に感じることも少なくありませんでした。

その典型的な例として、「ごんぎつね」の話から始めたいと思います。

「ごんぎつね」の授業で、

「自分が撃ったごんが、実はくりなどを届けてくれていたことを知った兵十は、どんな気持ちだったのか。」

「撃たれたあと、兵十の『ごん、お前だったのか』という言葉にうなずいたとき、ごんはどんな気持ちだったのか。」

といった問いを投げかけるのを多く見かけます。

つまり、兵十に気づいてもらえないにもかかわらず、つぐないを続けたごんと、それを知らずに撃ってしまった兵十の物語として「ごんぎつね」をとらえているのです。だから「このあと、ごんと兵十はどうなったでしょう。物語の続きを考えてみましょう。」といった授業につながっていくわけです。

そのとき、「兵十は、おっかあに食べさせるはずだったうなぎをごんにとられてしまったことを、うらみに思っている」という前提を言う子どもがいます。「うらみに思っていたから、ごんを撃ったのだ」と。ごんのことをうらんでいたのだけれど、ごんがそのつぐないをしていたことを知り、そんなごんを撃ってしまったことに気づいて銃を落としたのだ……という読み方です。

一見すると、ごんのつぐないの気持ちと、兵十の思い違いと気づきをしっかり読み取っているように受け取れます。

果たしてこれで、「ごんぎつね」という物語を、しっかり読むことができたと言っていいのでしょうか。

「ごんぎつね」の授業と読みへの疑問

全国の小学校で、おそらく何千回、何万回と行われてきたであろう「ごんぎつね」の授業ですが、この物語全体をもう一度気をつけて読んでいくと、その読みに、さまざまな疑問がわいてきます。

例えば、「ごんぎつね」のクライマックスがどこにあるかと言えば、それは、やはりごんが兵十に撃たれる場面を思い浮かべることでしょう。

でも、本当にそうだと言いきれますか。「クライマックス」とは、物語の中で中心人物が最も変容した点のことです。

兵十がごんを撃った前後で、ごんに変容が見られますか？

兵十に撃たれる前、ごんは兵十に対してつぐないの気持ちをもっていました。撃たれたあとのごんの気持ちは直接的には書かれていませんが、「ぐったりと目をつぶったまま、うなずきました。」という記述からは、つぐないの心が失われたとか、大きな喜びを得たといったことは読み取れません。むしろ、淡々とした印象を受けます。むしろ、くりなどを届けてくれていたのがごんだったことを知った兵十のほうに変容が見られると言ってもいいくらいです。

この物語の中で最初にごんの心情に変化が見られるのは、ごんが兵十のおっかあの葬式を目撃した夜です。穴の中で「ちょっ、あんないたずらをしなけりゃよかった。」と後悔するのです。「いたずらぎつね」のごんが、いたずらをしたことを後悔するのですから心情が大きく変容していると言っていいでしょうか。

では、ここが「ごんぎつね」のクライマックスでしょうか。さすがにそれにも無理があります。この場面がクライマックスならば、「ごんぎつね」という物語の大半は、クライマックス後の話を延々と続けていることになってしまいます。やはり、「ごんぎつね」のクライマックスは、兵十がごんを撃つ場面だとみて間違いないでしょう。

兵十に撃たれる前後のごんの心情の変化について、物語の中にはっきりした記述はありません。しかし、この「6」の場面には大きな特徴があります。それまでごんに寄り添っていた語り手の視点が、急に兵十に変わるのです。これは、この場面が山場であり、クライマックスがくることを示しています。

そして兵十は、自分が撃ったごんが、くりや松たけを届けに来てくれていたことに気づき、「ごん、お前だったのか」と言います。これを聞いてごんがうなずくのです。つまり、このとき初めてごんは、自分の気持ちを兵十にわかってもらえたことになります。「ひとりぼっちの小ぎつね」であったごんにとって、これがこの物語の中で最も大きな変化だったと言っていいでしょう。

こういった読みのあとで「物語の続きを考える」ことに、どんな必要性があるのでしょうか。子どもたちの中には「悲しい終わり方にはしたくない。ハッピーエンドにしたい」という思いから、「ごんは命が助かって、幸せになった」という結末を考える子どもも出てきます。

もちろん、物語の続きを考え、悲劇のあとにも実は幸せな物語があるんじゃないか、と想像することは自由です。しかし、「ごんぎつね」について言うならば、物語の中に、ハッピーエンドになることを示唆するような記述は、一切出てきません。にもかかわらず国語の授業の一環として「物語の続き」を考えさせ、そこで出てきたハッピーエンドを許容するのだとしたら、国語の授業とはいったい何なのかと言わざるを得ません。

兵十のおっかあの死への、「事実」と「妄想」

「ごんぎつね」の中で私が皆さんに注目していただきたいことは、「何が事実か」ということです。「ごんぎつね」がフィクションなのかノンフィクションなのか、といったことを言っているわけではもちろんありません。

物語の中の「事実」として描かれていることと、それ以外のことをきちんと読み分けるということです。

「ごんぎつね」について皆さんにもう一度考えてほしいのは、

「本当に兵十のおっかあは、『ああ、うなぎが食べたい、うなぎが食べたい』と思いながら死んだのだろうか」

ということです。

よく読んでみるとわかりますが、兵十のおっかあがそう言ったという記述は、「ごんぎつね」の中にないのです。兵十のおっかあが「うなぎが食べたい」と言いながら死んだということは、ごんの想像にすぎません。兵十の言葉にも行動にも、そのようなことは一切出てきません。ごんが住んでいる穴の中で、「兵十のおっかあは、とこについていて、うなぎが食べたいと言ったにちがいない。……そのまま、おっかあは死んじゃったにちがいない。ああ、うなぎが食べたい、うなぎが食べたいと思いながら死んだんだろう。」と勝手に考えたことです。ごんの「妄想」と言ってもいいかもしれません。

「ごんぎつね」の物語の中で「事実」として描かれているのは、「ごんが、兵十がとった魚を逃がしてしまい、うなぎを首に巻きつけたまま逃げた」ということまでです。ごんは、魚をとるためのはりきり網や、とった魚を入れておくびくをだめにしてしまったわけではありませんから、もしかしたら兵十は、ごんが逃げたあとにもう一度魚やうなぎをとることができたのかもしれません。また、この魚とりのねらいが本当にうなぎだったのか、魚だったのかもわかりませんし、そもそもおっかあに食べさせるためにとっていたのかどうかも、描かれてはいません。すべて、兵十のおっかあの葬式を目撃したことによって、ごんが勝手に考えたことなのです。

しかし多くの「ごんぎつね」の授業では、「兵十のおっかあは、うなぎが食べたいと言いながら死んだ」ということが、あたかも事実のようにとらえられています。だから「兵十は、おっかあにうなぎを食べさせることができなかったうらみで、「ごんを撃った」といった読みが生まれてしまうのです。

ごんの「生い立ち」

時々、「あなたのような読み方を国語の授業で行うということは、子どもたちに一定の読みを押しつけることになるのではありませんか？　もっと、子どもたちの自由な読み方を許容する必要があるのでは」という意見をいただくことがあります。

ごんの気持ちに寄り添って、「兵十のおっかあは、うなぎが食べたい、うなぎが食べたいと思いながら死んだ」という前提で物語を読んでもいいのではないか——というわけです。

兵十のおっかあは死ぬ前にうなぎを食べたかったのかどうか。このことは「ごんぎつね」の物語から読み取ることはできません。そこに書かれていないからです。このことはしっかりおさえ

うなぎが食べられなかったから死んだんだ！
兵十のおっかあは、とこについていて、うなぎが食べたいと言ったにちがいない。……そのまま、おっかあは死んじゃったにちがいない。ああ、うなぎが食べたい、うなぎが食べたいと思いながら死んだんだろう。
本当？

てください。

想像することはできますが、それを「事実」ととらえて読みを進めていくことは、少なくとも国語の授業においては適切ではないと私は思います。

むしろ、兵十のおっかあが本当にうなぎを食べたいと言いながら死んだのかどうかをはっきり描かなかった作者・新美南吉は、そのことをあまり重視していなかったのではないか――という読みさえ成立すると思います。

南吉が重視したのは、葬式を目撃しただけで「そうだったにちがいない」と思い込んでしまい、自分のいたずらを後悔しているごんの姿だったのではないでしょうか。

そもそもごんは物語の冒頭で、「ひとりぼっちの小ぎつね」「いたずらばかりしている」と紹介されています。普段からいたずらを繰り返していたごんが、兵十のおっかあの葬式にだけは、いわば過剰に反応しています。それが、兵十にいわしやくりや松たけをこっそりと届け、それを神様のしわざだと言われて「引き合わない」とぼやきながらも、なお続けようとしたごんの行動につながっていくわけです。

そう考えてくると、「ごんぎつね」という物語の中で重要なのは、「どうしていたずらばかりしていたごんは、兵十のおっかあの死や、それによって兵十がひとりぼっちになってしまったことに強く心を動かされたのだろうか」ということなのではないかと思えてきます。

そこで、気になってくるのはこの事件が起きる前のごんです。どうしてごんはひとりぼっちなのか、どうしていたずらばかりしていたのか……。この国語の授業の中でこの「ごんぎつね」から何かを子どもたちに想像させるのだとしたら、そのことなのではないでしょうか。

「ごんぎつね」の後ばなしについては、「そうなるかもしれないね」「そういうことも考えられるね」と、結果的に何でもありになってしまいます。しかし、前ばなしならば「なるほど。だからごんはこんな行動をとったんだ」と納得できるものでなければなりません。授業を通じての「読み」がつながったものになるはずです。

「ごんぎつね」を読めていたか？

このように見てくると、これほどポピュラーな教材である「ごんぎつね」の読みと授業が、まだまだ十分に行われていないという、現在の国語教育の課題が浮かび上がってくると思います。

書かれていることをきちんととらえることをせず、ごんの気持ちを中心として、最初から順を追って読んでいるだけの授業が多いと感じます。そして、何となく思い浮かんだことを「感想」としてとらえ、感想をもてたことによって「その物語を読むことができた」としてしまうような、まさに「感覚とイメージの読み」になってしまっているのではないでしょうか。

説明文の学習の中で、「事実と意見を区別して読みましょう」と指導します。そういった「事実」「事実以外のこと」を区別することが、物語の授業に生かされていないのではないでしょうか。「一般の文章と物語の文章は別のもの」ではないはずです。

物語だろうと説明文だろうと詩だろうと、日本語で書かれた文章であることに変わりはありません。説明文では事実とそれ以外の読み分けが大切だが、物語では読み分ける必要がない、など

ということはあり得ません。
そういった、文章を読む上での基本中の基本さえまだまだ十分とは言えないのではないかというのが、これまで小学校の国語教育に携わってきた私の結論なのです。

国語の冒険ノート

- 「兵十のおっかあは、『うなぎが食べたい』と思いながら死んだ」と子どもたちが思い込んだままの授業になっていないか？
- 「ごんぎつね」の授業で大切なのは、クライマックスがどこかということや、クライマックスでごんがどう変わったのかを問うこと。

- 「ごんぎつね」の授業で、子どもたちにつけさせたい力は何かを、あらためて考えるべきである。

2——なんのための国語なのか？

理科担当の先生から、実験結果とそこからわかることについての文章を見せられた白石先生。はじめは特に問題を感じませんでしたが、あらためて説明を聞いて、「なるほど、これはおかしい」と感じます。「事実」と、そこからの「考察」の間にもう一つの「事実」を述べなければならないのにそれを省いてしまったために、そこに論理の飛躍があったのです。

白石先生はさらに、その文章のおかしさに気づいた理科の先生が言った言葉「ところで、国語では、こういうことを、どう教えているのですか」に衝撃を受けてしまいます。

国語は国語、理科は理科と思ってしまいがちですが、白石先生は「たとえ理科の文章であったとしても、それをきちんと読んだり書いたりすることができるようにするのは国語である」と語ります。

そして、「国語のための国語」という殻を脱して、「国語をこえた国語」をめざすべきなのだと主張するのです。

「ところで、国語ではこういうことを、どう教えているのですか？」

現在の国語教育は、「ごんぎつね」に書かれた「事実」とそれ以外の読み分けが十分にできていない……ということを述べました。言語事項の指導の中で、「事実」とそれ以外との読み分けの大切さを言っておきながら、それが物語の読みにはほとんど生かされていないことが、これまでの日本の国語教育の課題であるとも述べました。

では、説明文ならば読み分けができているのかと言えば、残念ながらそうでもありません。

筑波大学附属小学校の同僚で、理科を教えている佐々木昭弘先生から聞いた話を紹介しましょう。

次の文は、小学校4年生の理科、熱の伝わり方についての実験と、その結果についての説明です。

熱は金属をどのように伝わるかを調べる実験をしました。

図のような金属板にロウをぬり、その端をアルコールランプで熱しました。

すると、熱した部分に近いところから、ロウがとけていきました。

このことから、金属は熱せられたところから熱が伝わり、遠いほうへ順にあたたまっていくことがわかりました。

いかがですか？　何か違和感を感じることができましたか？
実は私も、最初はこの文章に何の問題も感じることができませんでした。いかにも理科的な、端的な文章だなと思いました。
ところが、佐々木先生が「この文章はおかしい。正確に書かれていない」と言うのです。

佐々木先生は、次のように説明してくれました。

＊＊＊

この実験で知ることができた「事実」は、「熱せられたところから順に、ロウがとけていった」ということだけです。ところが結論として、「熱せられたところから順に、金属板を熱が伝わっていったことがわかる」と言っています。

考えてみてください。変化が見られたのは、ロウです。ところが結論では、金属板について述べています。また、熱は目に見えません。目で見たのは「ロウがとけた」ということだけです。それなのに「ロウがとけたことから、金属板を熱が伝わったことがわかる」と言っていいのでしょうか。論理が飛躍しているのです。

本来ならば、

①　金属板の熱せられたところから順に、ロウがとけていった。

②　ロウは、一定の温度以上になったときにとける。

③　①と②のことから、ロウの温度が、金属板が熱せられたところから順に高くなっ

ていったことがわかる。

④　③のことから、金属板の温度が、熱せられたところから順に高くなっていったことがわかる。

⑤　④のことから、金属板は熱せられたところから順に熱が伝わっていくと考えられる。

と、説明しなければなりません。

たまたま、ロウという身近な材料が使われ、しかも、「ロウは温度が高くなるととける」というよく知られた事柄を扱っているため、この実験に関する説明を違和感なく読んでしまいます。実際の授業で同様の説明をしている先生も少なくないと思います。

しかし、もし、ロウと熱との関係をあまり知らない子どもがいたら、こんな説明ではちんぷんかんぷんでしょう。

さらに、理科という教科は、自然界におけるさまざまな「なぜ」「どうして」を、論理的にひもといていくことで、子どもたちの論理的に考える力を育てていく教科でもあります。それなのに肝心の授業で論理が飛躍した説明をしていたのでは、子どもたちの論理的に考える力を育てていくことはできないでしょう。

小学校4年生の比較的わかりやすい内容なので、この熱の伝わり方について理解できない子どもは少ないかもしれませんが、この段階で論理的に考えたり説明したりすることをいい加減にしておくと、上の学年になったとき、中学、高校、大学に進んだとき、さらに社会に出たときに大きな障害になってしまうのではないでしょうか。

何気なく説明している実験の説明の文章ですが、そういったことも注意しながら扱っていかなければならないと思いました。

＊＊＊

そして佐々木先生は、次のように言うのです。

「ところで、国語ではこういうことを、どう教えているのですか？」

私は思わず答えに窮し、何とも面目ない思いをしました。

「国語のための国語」になっていないか

理科の説明の仕方や、理科的な考え方は理科で教えるべきではないか。物語や詩を教える国語の授業の中で扱うには限界がある――という考え方もあるでしょう。

私もそう言ってしまいたいところですが、残念ながらそうはいきません。日本語で書かれた文章である以上、やはり国語の問題だと思います。

この、熱の伝わり方に関する説明の文章について言えば、やはり事実とそれ以外の事柄の書き分け・読み分けがいい加減になっているというのが問題でしょう。熱が伝わったこと自体が見えたかのような文章になっているのに、そこに疑問を感じないため、論理の飛躍があることにも気づかないのです。

しかし、国語の授業ではあれほど、「文章を書いたり読んだりするときには、事実とそれ以外の事柄とをきちんと区別しましょうね」と指導しているにもかかわらず、どうして理科の実験の

説明でそれが生かせないのでしょう。

私は、国語の指導が、「国語のための国語」になってしまっているからではないかと思います。

言語事項の指導、物語の指導、説明文の指導、詩の指導……それぞれがばらばらで、関連性、系統性が明確になっておらず、その指導によって子どもたちにどんな力をもたせるのかがはっきりしていない……それが国語の実態となっていないでしょうか。だから、他教科への応用や発展がほとんど進まないばかりか、物語の指導と説明文の指導の間にすら関連性をもたせることができないでいる——そんなふうに感じるのです。

少し大袈裟な話になってしまいますが、どうして私たちは、子どもたちに対して「国語」を教えるのでしょうか。

学習指導要領では国語の目標を「国語を適切に表現し

正確に理解する能力を育成し、伝え合う力を高めるとともに、思考力や想像力及び言語感覚を養い、国語に対する関心を深め国語を尊重する態度を育てる。」としています。「国語教育の目標」です。「国語を教える目的」ではありません。目的を成し遂げるために行う教育の目標が、学習指導要領が示す目標です。

国語を教えるのは、他教科はもちろん、これから子どもたちが成長し、暮らしていく中で、思考やコミュニケーションを十分に行うための手段を獲得させ、社会生活を送ることができるようにするためです。

だからこそ「国語」という枠をこえて、国語を考え、国語を教えていくことが大切なのではないでしょうか。

国語の冒険ノート

- 肝心の授業で論理が飛躍した説明をしていたのでは、子どもたちの論理的に考える力を育てていくことはできない。
- 国語の指導が、「国語のための国語」になってしまっていないか。

● 「国語教育の目標」と「国語を教える目的」とは別のもの。国語の目的は、子どもたちに、思考やコミュニケーションを十分に行うための手段を獲得させること。

● 「国語」という枠をこえて、国語を考え、国語を教えていくことが大切。

3——国語はなぜ嫌われる？

以前から小学校の先生の中には、「国語の授業はやりにくい」「どう教えたらいいかわからないので困る」といった声が少なからずあります。

そういった意見に対して、数多くの国語の授業を見てきた白石先生。「勉強になる授業、まねしてみたくなる授業も多かったけれど、課題を感じた授業も少なくなかった……」と、本音を語ります。そして、四つの授業パターンを取り上げ、どうしてそういった授業が問題なのかを解き明かしていきます。

白石先生は、国語で、どうしてそのような授業が行われるようになってしまったのかということにも言及。国語教育の歴史的な経緯や、読書指導や道徳との混同・混乱による問題点も指摘した上で、「だから国語は、先生からも子どもからも嫌われてしまうのだ」と述べるのです。

疑問をもつ授業

長年、小学校の国語教育に携わってきた中で、多くの授業を見せていただきました。その中には、「なるほど、私もこういう国語の授業をしてみたい」と思うような授業がたくさんありました。

しかしその一方で、疑問をもってしまう授業も、中にはありました。

一つ目は、「なぞる授業」です。これは説明文の授業で多く見られます。

第１段落から順番に読んで、「そこで何をしましたか」「次に何をしましたか」と「なぞり」、「確認していく」だけの授業です。

説明文の学習は、文章の構造や構成を学び、説明文を読む力を身につけることが目的です。そこで身につけた力は、ほかの説明文を読むときにも使えますが、説明文の内容を理解しただけでは、ほかの説明文を読むときに使える力を身につけることはできません。

二つ目は、物語や詩の授業で多い、「イメージと感覚の授業」です。これは、「どんな気持ちですか」「想像してみましょう」といったことの繰り返しで授業が展開されていきます。そのような問いに対して、とにかくたくさんの答えが子どもたちから出てくれば、それでよしとしてしまうのです。

子どもたちの自由な発想を引き出しているようにも見えますが、「ほかに意見はありませんか」「もっと別の考えがある人はいませんか」と、子どもたちに発言を催促しています。子どもたちは、自由に発想しているのではなく、催促され続けるので、仕方なく、「ほかにはないかな」「何か別のものを」と考え続けているだけなのです。

言ってみれば、子どもから意見が出てくるのを待っているだけの授業で、教師に「ここをこんなふうに読ませたい」「この部分に気づかせたい」という思いがなくても、とにかく子どもたちに対して催促し続けているだけで、授業が「成立」してしまいます。ねらいや目的があいまいなまま、とにかく子どもに発言させ、「それもいいね」「そんな考え方もあるね」と、とにかくすべてを容認し、最後に「今日はいろんな読みが出たね。みんなすごかったね」ということで、授業が終わってしまうのです。

このような授業で子どもたちは、その一時間の中でいったい何を学んだことになるのでしょうか。読みの力など、何も関係していない授業なのではないでしょうか。

さらに問題なのは「評価」です。

授業のときには「いろんな意見があっていいね」と言っていたのに、評価になるとテストをやって○×をつける。子どもたちは、「先生は『自由でいいよ』と言っていたのに、テストになると急に自由じゃなくなるんだな」と思ってしまうことでしょう。

三つ目は、「活動主義の授業」です。

「活動あって学びなし」とおっしゃる方がいる通り、

「発表会をしましょう。」

「○○ブックをつくりましょう。」

「絵に描いてみましょう。」

など、その教材がどんな教材なのかということに関係なく、とにかく活動さえすればいいと考えているように思えてしまいます。

例えば、「おおきなかぶ」の授業を見ると、とにかく動作化のオンパレードです。動作化が悪いわけではありませんが、動作化することによって子どもたちに何を学ばせるのか、そのことが明確にされないまま、とにかく動作化さえすればいい、動作化自体が目的であるかのような授業があまりにも多いように感じています。

四つ目は、「記憶中心の授業」です。

詩の授業になると、とにかく「暗唱しなさい」ばかり。その詩をどう読むかということよりも、暗唱できるかどうかということのほうを重視してるのではないか……と思ってしまうような授業もあります。

漢字もそうです。「たくさん練習して、ちゃんと覚えなさい」と言うばかり。漢字のきまりを教えることも、使い方を学ばせることもしません。ただ「繰り返し書いて覚えなさい」というばかりになっていないでしょうか。

もちろん、漢字を覚えることは大切です。しかし、そもそも漢字の学習とは、漢字を覚えることだけではありません。漢字の成り立ちや意味、きまりなどを理解し、漢字を使う力をつけることが漢字の学習なのです。

「記憶中心の授業」とは、記憶することを必要以上に重視するという意味と、記憶することばかりを重視してしまうという、二つの意味があるのです。

何を勉強したのかわからないまま終わる授業

これら四つの授業は、どれもあいまいで、何をどうすればいいのかという方法を教えず、はっきりとした答えも教えない授業です。だから子どもにとってみれば、何を勉強したのかわからないまま授業が終わってしまいます。

「このままでいいのだろうか」という問題意識をもっている先生方もいらっしゃいますが、全体を見たときには、これらの授業も残念ながらまだ続いているのです。

誤解を恐れずに言えば、「国語で教えることが明確になっていない」「国語をどう教えればいいのかがわからない」という先生方が多いと感じています。

子どもたちに、何をどう教えればいいのかわからないから、授業は単になぞったり、イメージと感覚だけのものになってしまったりしやすく、目的が不明確なまま、とにかく活動すればいい、暗記すればいいというものになってしまうのです。

なぜ、国語があいまいな教科になってしまったのか

ここまで、日本の国語教育の課題がかかえる課題について述べてきました。

もしかしたらこれらを、先生方に対する批判のように受け取られてしまったかもしれませんが、私にはそんなつもりはまったくありません。なぜなら、現在教壇に立っている先生方が子どもの頃に受けていた国語の授業が、すでにこのような問題点や課題をもったものだったからです。

自分自身が受けてきたのと大きく違うスタイルで授業を行うということは、とても大変なことです。そもそもそれ以前に、「自分が受けてきた国語の授業には、問題点や課題がある」ということを認識することも必要です。

「イメージと感覚の国語の授業」を当たり前のように受けてきたのですから、教職に就いてからの国語の授業がやはり同じように「イメージと感覚の国語の授業」になってしまうのも、やむを得ないことなのです。

では、そもそもどうして日本の国語の授業が、イメージと感覚になってしまったのでしょう。

調べてみると、昭和二十～三十年代に行われていた国語の授業は、イメージと感覚ではなく、とても論理的なものでした。

ところがどういうわけか、昭和四十年代（ちょうど私が小学生だった頃です）以降、そのような論理的な授業があまり行われなくなってしまったのです。ですから、今小学校の現場でがんばっている先生方が受けてきた国語教育は、「あいまいで、あやふやな国語」になってしまったのです。これはあくまで私の推測ですが、その頃、「小学校の国語では難しい理論を入れる必要はない」と考える人たちが増えてしまったのではないか……と思います。

国語教育の柱の一つになっているものは、物語です。もちろん、説明文や詩、そのほか多くの言語事項などについても学びますが、実質的に大きなウエイトを占めているのが物語であることは事実でしょう。その物語の授業が、「文学論」になってしまったのが、昭和四十年代だったのではないかと、私は考えています。

文学論になってしまうと、国語の授業は自然と「読書感覚の授業」になってしまいます。「読書」ですから、どうしてもそれぞれの読者がその作品から受けるイメージと感覚が重視されます。そもそも読書とはそういったものなのですから、文学論的な国語の授業が、イメージと感覚の授業になるのは当然のことです。

しかし、国語の授業が、読書感覚の授業になってはならないと、私は考えています。

もちろん、読書指導も国語の学習の中で大切なことの一つであることは確かです。私も、読書指導は読書指導で、しっかり行う必要があると考えていますが、読書指導と物語の読みの学習とは、切り離して考えなければなりません。

読書指導では、どんな本を選ぶかということも含めて、子どもの自主性が尊重されなければなりません。しかし物語の読みの学習では、教える側が教材としての物語を示した上で、その学習を行うのです。ですから、「この物語はこういう特徴があるから、こういうふうに読んで読みの方法を学ぶ」ということを大切にしていかなければならないはずです。読みの目的や、学習によって何を学ぶのかということが明確にされていることが大切なのです。

このような読書指導、あるいは文学論と、物語の学習の区別があいまいになってしまったことが、国語教育全体があいまいになってしまった理由の一つなのではないかと思います。

私はもっと、子どもの力を信じた国語教育があっていいと思います。「子どもに論理的な思考は無理」というのは、それこそイメージでしかないと思います。むしろ、知識量がまだまだ少なく、さまざまな経験も少ない子どもだからこそ、一つずつステップを追っていくような論理的な考え方のほうが、理解しやすいのではないでしょうか。

よく、本をたくさん読む子どもは国語が得意になる、国語の力を伸ばすためにも、本をたくさん読ませたほうがいい……などと言われます。

私はその因果関係はあまりないのではないかと感じています。本を読むのが好きとは言っても、その読み方や読みの深さは子どもによってそれぞれ違いますから、必ずしもそこで「国語の読みの力」が培われているとは言えないからです。

しかし、反対方向の関係性、つまり、国語の読みの力がついている子どもは、読書のおもしろさをより強く感じることができる、ということは言えると思います。同じ文章を読んだときの細部への気づきや、読みの深さが違ってくるからです。

子どもたちの読書生活を豊かなものにするためにも、あいまいな国語、イメージと感覚の国語から脱する必要があるのです。

国語と道徳の混乱

国語の授業が読書感覚の授業になってしまうことの弊害がもう一つあります。道徳との境界があいまいになってしまうことです。

物語の中の登場人物の「心」の問題に踏み込んでしまい、そこに道徳的な価値観を前提とした読みが始まってしまうのです。子どもが、国語の教材を読み、授業を受けることを通して、結果的に道徳的な気づきを得ることは問題ありません。しかし、教える側の教師が、国語の授業なのに道徳的な読みを行うというのはあまりにもおかしなことです。国語で教えるべきことを教えずに終わってしまい、子どもたちも、国語の授業で身につけるべき力を得られずに終わってしまうからです。

一方、道徳の教材なのに国語の授業のような読み方をするケースもありました。段落ごとに中心人物を追っていくような読み方です。当然、道徳で行うことが期待されているような読み方ではありません。

このようなあいまいな姿勢を続けることは、国語にとっても、道徳にとっても、決して幸せなことではありません。そして、「結局国語は、何をやればいいのかわからない」「教えることも、教え方もわからない」となってしまうのです。

だから、国語は先生からも子どもからも嫌われるのです。

国語の冒険ノート

- 「なぞる授業」「イメージと感覚の授業」「活動主義の授業」「記憶中心の授業」が、あいまいな国語を生んでいる。
- その作品から受けるイメージと感覚ばかり

を重視した読書感覚の授業になっていないだろうか。

・国語で教えるべきことを教えずに終わっていないだろうか。それでは子どもたちは、国語の授業で身につけるべき力を得られずに終わってしまう。

ジョニー新聞

2015年4月14日発行
3部3年

HAPPY BIRTHDAY

JOHNNY

3部のみんなにとってJOHNNYはアナグマさんのような存在です。

JOHNNYからの「おくりもの」をちゃんと受けとれるように頑張るよ。

RIKA ISHINO

プレゼント

この一年間を思い出すとジョニーから色々なプレゼントをもらいました。

- なんでも速く作業や授業を進めてくれるプレゼント
- ぼくのまちがいを注意して直そうとしてくれるプレゼント
- 漢字のとめ、はね、はらい、筆順、送りがなを忘れないよう教えてくれるプレゼント
- ぼくを応援してくれるプレゼント

今日は、ぼくから「元気」と「ありがとう」をプレゼントします♪

先生、お誕生日おめでとうございます

藤田 夏光

ジョニーのすきな所

おたん生日おめでとうございます!!

わたしは、いつもやさしくておもしろい顔をするジョニーが大すきです。わたしがおもしろい顔をまねすると、ジョニーがわらってくれるのでそんなにへんな顔をしたかなと思いますが、ますますうれしくなります。しつ問です。

ジョニーは、せつ明文と物語はどちらがすきですか？

わたしは、物語の方がすきです。

あと一年ですが、よろしくおねがいします。

渡邊 柚葉

ジョニーとすごす保谷の畑

ジョニーは国語の先生だけど保谷の畑に行くと、こん虫のことやきせつの野さいや果物花や木のことをたくさん教えてくれる。何でも知っている！いっしょに、いも掘りをしたり果物をしゅうかくしてくれる。そんなジョニーが大好きだ！

大野 悠太

おたん生日おめでとうございます。

ジョニーの国語

私は、ジョニーの国語が、大好きです。なぜなら、表や一文で書くなど、むずかしい事が、だんだんできるようになって、うれしくなるからです。これからも、がんばるので、よろしくお願いします。

佐藤 美緒

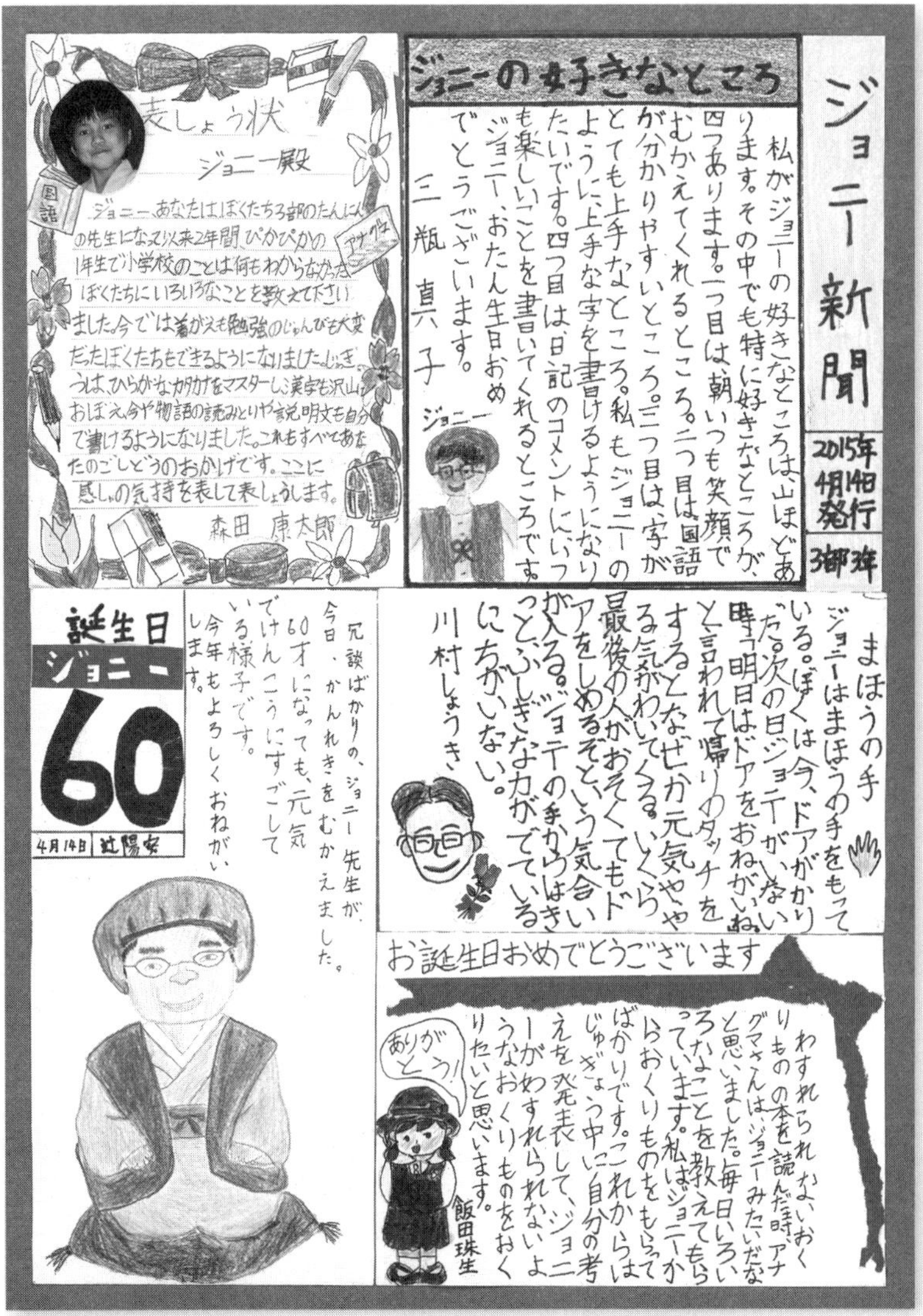

ジョニー新聞

2015年4月14日発行　3部3年

表しょう状

ジョニー殿

ジョニー、あなたはぼくたち3部のたんにんの先生になって以来2年間、ぴかぴかの1年生で小学校のことは何もわからなかったぼくたちにいろいろなことを教えて下さいました。今では着がえも勉強のじゅんびも大変だったぼくたちもできるようになりました。じゅぎょうは、ひらがなカタカナをマスターし、漢字も沢山おぼえ、今や物語の読みとりや説明文も自分で書けるようになりました。これもすべてあなたのごしどうのおかげです。ここに感しゃの気持を表して表しょうします。

森田　康太郎

ジョニーの好きなところ

私がジョニーの好きなところは、山ほどあります。その中でも特に好きなところが、四つあります。一つ目は朝いつも笑顔でむかえてくれるところ。二つ目は、国語が分かりやすいところ。三つ目は、字がとても上手なところ。私もジョニーのように上手な字を書けるようになりたいです。四つ目は、日記のコメントにいつも楽しいことを書いてくれるところです。ジョニー、おたん生日おめでとうございます。

三瓶　真子

ジョニー

誕生日　ジョニー　60

4月14日

冗談ばかりの、ジョニー先生が、今日、かんれきをむかえました。60才になっても、元気でけんこうにすごしている様子です。今年もよろしくおねがいします。

まほうの手

ジョニーはまほうの手をもっている。ぼくは今、ドアがかかりだった。次の日ジョニーがいない時「明日はドアをおねがいね。」と言われて帰りのタッチをするとなぜか元気ややる気がわいてくる。いくら最後の人がおそくてもドアをしめるぞという気合いが入る。ジョニーの手からはきっとふしぎな力がでているにちがいない。

川村しょうき

お誕生日おめでとうございます

わすれられないおくりものの本を読んだ時、アナグマさんは、ジョニーみたいだなと思いました。毎日いろいろなことを教えてもらっています。私はジョニーからおくりものをもらってばかりです。これからはじゅぎょう中に自分の考えを発表して、ジョニーがわすれられないようなおくりものをおくりたいと思います。

ありがとう！

飯田珠生

国語は「文学教育」や「道徳」じゃない

■■　国語の教材には、物語や説明文、詩、伝統的文章などがありますが、物語の授業がいちばん好きだという先生が、結構多いですよね。

白石　物語の授業のほうが、やりやすいと感じているんじゃないかな。

■■　そこに違和感をもつんです。説明文のほうが、書かれていること、読み取るべきことが明確じゃないですか。ストレートなものが多いし。物語は、必ずしもそうなっていないものもありますし。

物語のほうが授業がやりやすいって言う先生、多いんじゃないかな

白石　「説明文のほうが論理的でわかりやすいよね」っていう先生もいますよ。でもその一方で、物語のほうが授業をやりやすいと言う先生のほうが多いように思います。

▲▲　教材に「おもしろさ」や「読む楽しさ」を求めてしまうんじゃないでしょうか。

文学教育は国語
教育じゃない。

説明文のほうが、読みの力をつけるという点は明確ですよね。でも、先生自身が教材を読むことを楽しんでしまうから、物語のほうが好きだって思うのかもしれない。

■■　そうか。潜在意識として「文章を読む」ということに、楽しさやおもしろさを期待してしまうから、言ってみれば無味乾燥な説明文を読むことには、あまり魅力を感じないと。

▲▲　このお話を読んで感動したね――といったことが前面に出てくるんですよね。

■■　それって、国語の授業って言っていいんですか？

白石　国語じゃないですよ。文学教育とは言えるかもしれないけど、文学教育は国語教育じゃない。同じような混乱が、道徳との関係にも見られます。私は、国語と道徳の境界があいまいになってしまっていると指摘しているんですが、実は私自身も若いころは、道徳の時間に国語みたいな読み方をやっていたんです（笑）。どうしたらいいかわからなかったので……。ただ、変だな、おかしいな、どうしたらいいんだろう……とずっと思っていた。そして私なりに出した結論は、「道徳は実生活の問題である。副読本を読むだけで気づくことのできる道徳的な内容には限界がある」ということです。といっても、いまだに道徳を教えることは苦手なんですが……。

マニュアルが欲しい気持ちはわかるけれど……

指導書を読んで授業をやってもいいんです。問題は使い方。

●● 白石先生は以前から、教科書の指導書については厳しい意見をおもちでしたよね。指導書に頼ってしまうのはよくないと……。

白石　あの……、指導書が悪いと言っているわけではないんです。指導書に書いてあることだけで授業をやろうとすることが問題だと言っているんです。

▲▲ 指導書を読んで授業をやってもいいんですか。

白石　もちろんですよ。そのための指導書です。ただ、いくら指導書とはいえ、すべてがこと細かく書かれているわけではないし、授業の完全なマニュアルになっているわけでもない。だから、指導書を参考にしつつ、どんな授業にするかは、最終的にはやはり自分で組み立てていくしかないんです。

●● それを、指導書に頼り切って授業をやろうとするから、おかしなことになると……。

授業を見て驚いたことがあります。

白石　そうなんです。指導書のセットの中に、教科書の縮刷版に注釈などが赤文字で刷り込まれた、いわゆる「赤本」があるでしょ。あの赤本を見ながら授業を行っている人を見かけて、驚いたことがあります。赤本を見るなとは言わないけれど、赤本を見ながら授業をするなんて。

▲▲ でも、赤本には、授業の展開例なんかは、あんまり出ていないですよね。どう使っていたんですか。

白石　刷り込んである赤文字の部分を順番に取り上げて、「この言葉の意味は？」とか、「この文の『あのとき』とはいつのこと？」……とやっていく授業でした。授業で何を教えていいのかわからなかったんでしょうね。

●● 教材を最初から順番になぞっていくだけなんですね。

白石　現在の国語の授業の問題点の一つとして、「説明文をなぞっていくだけの授業が多い」といつも感じているのですが、まさにそれなんです。さすがに赤本を見ながら授業を行う人はめったにいないと思いますが、授業の準備段階で、何を子どもに教えるのかを赤本を見ながら考えた結果、「なぞる授業」になってしまっている……というケースもあるんじゃないかと思うんです。

▲▲　なるほど。

●●　やっぱり、マニュアルを求めたい……という気持ちがあるんじゃないでしょうか。

頼りすぎているのでは……。

白石　あるでしょうね。繰り返しになってしまうけれど、国語は、何をどう教えるかということがはっきりせず、あいまいな部分が多いから、困った先生が指導書に頼りすぎてしまい、結果としてあまりいい授業になっていないんじゃないか――と考えてしまいます。指導書そのものが悪いわけではないんです。これまでの国語教育の問題が、影響してしまっているんだと思います。

「算数のように」は、是か非か

◆◆　白石先生は、よく「国語も算数のように……」っておっしゃいますが、ちょっと誤解されてしまうんじゃないかと、最近思うようになったんです。

白石　え？　どういうこと？

◆◆　白石先生が「算数のように」とおっしゃるのは、「明確な定義があって、活用して、方法を教えて、答えを出す」という意味ですよね。今まではそういう表現を使うことによって、白石先生がおっしゃりたいことが伝わってきたのは事実です。でも、算数の中には「そういった画一的な流れでなく、もっと多様性を求める必要もあるのではないか」という議論もあるんです。白石先生がイメージされている算数と、実際の算数教育とは、ちょっとズレがあるというか……。

▲▲　白石先生は国語について「イメージと感覚」に走ってしまっていると危惧されていますが、算数では「もっとイメージを豊かにしたほうがいい」というような議論があって、一瞬、「あれ？」っと思ってしまうことがあるのは事実ですね。

もちろん、白石先生がおっしゃっている「イメージによる読み」と、算数が求めている「イメージ」とは意味が違うんですけれどもね。

◆白石　そう。意味が違うんですよ。算数で言っている「イメージ」は、無機質的な数字を操作するだけじゃなくて、例えば1リットルってどれくらいの量なのかとか、文房具を買う計算の答えがこの数字って大きすぎるんじゃないとか、生活場面の中での具体的なイメージをもつということでしょ。

◆「アルゴリズムのデメリット」なんです。計算の方法を知っていることだけに満足してしまうと、途中で計算を間違って桁違いの答えを出してしまっても、当初の目的とのズレに対する違和感を感じなくなってしまうことがあるんです。そこが算数で、昔からずっと、生活感や現実感をもたせなくてはならないといわれてきたこと。白石先生がおっしゃったのもこれですよね。

アルゴリズムのデメリットが起きるのは、方法を学んだことを活用しただけで満足しているからだと思うんです。そういう問題は、国語でも起こり得ると思うんですね。白石先生は、方法を大切にしよう、テクニックも教えるべきだ、用語も教えましょう……とおっしゃっているけれど、それを強調すればするほど、「それだけをやって満足してしまう」ということも起こってしまうんじゃないかなと思うんです。

●● 確かに、そこだけ聞くと、白石先生が国語教育の中で、子どもたちを技能系に追い込んでいく、ものすごく偏った人というイメージになってしまいそうですね。

白石　とにかく国語をはっきりさせたいという思いなんですよ。算数、理科、ましてや社会。みんな定義がはっきりしている。国語もそれをつくらなきゃだめだろうな、と。私は、日本の国語教育を改革したいとか、そういう大それたことを言っているんじゃないんです。ただ、今まで国語はわかりにくかったから、それを少しでもわかりやすくしたい、子どもに使える力をつけさせたい。それが私がずっと国語をやってきた思いなんです。

コラム
子どもたちと私

私の学級経営

筑波大学附属小学校では、クラス替えは在学中、三年生から四年生になるときの一回しか行いません。最近では毎年クラス替えを行う小学校も多いと聞きますから、三年間クラス替えがないというのは、かなり珍しいでしょう。

学級経営を考えると、やはり一年ごとにクラス替えをするのは短すぎるように思います。

言うまでもないことですが、学校はただ勉強をするためだけにあるのではありません。学級という集団生活の中で社会性を学ぶことも、学校の大切な役割です。担任として一年間過ごしただけでは、それぞれの子どもなりの個性や人間性をつかむのがやっと。学級担任としてしっかりと子どもたちをまとめあげ、何かを伝えるためには、短くても二年、できれば三年はかけたいところです。

私の学級経営や学級指導の基本は、「はじめは厳しく、慣れてきたら子どもに任せる」です。

「はじめは厳しく」というと、細かいルールをつくって守らせるようなイメージをもたれるかもしれませんが、そういうことではありません。私が示すのは細かいルールではなく、「大きな方針」です。

時々、発言の仕方（挙手のときの手の角度や、指名されたら起立し、椅子を机に入れてから発言するといった動作）や、誰かが発言するときには必ず発言者のほうを見る——といったルールが決められていることがあります。

私は、こういったルールにはあまり必要性を感じません。挙手するときは見えやすい角度にあげればいいのであって、特定の角度にそろえる必要はありません。それに、発言する内容についての自信の大きさによって手のあげかたが変わるのは自然なこと。ある角度にきちんと腕をあげなければならないというしばりがあったら、はじめから発言をあきらめてしまう子どもだっているはずです。

発言者のほうを向くというのは話を聞く態度としては理想的なように思えますが、そちらを向いているからといってちゃんと話を聞いているとは限りません。それは、職員会議のときの皆さん自身のことを思い出していただければ……。

私の授業中は、「発言者のほうを向いて聞く」といったことは求めません。教科書やノートを見ながら、黒板に視線をやりながら、窓の外をぼんやりながめながら……全部ＯＫです。聞いている「形」は求めません。そのかわり、話を聞いていないことがわかったら、厳しく注意します。「形」にとらわれて「本質」を見失うことだけは避けなければならないからです。

授業中の話の聞き方の「形」を教えても、授業中や学校以外でも役に立つとは限りません。それならば、「誰かが話をしているときにはそれをしっかりと聞く」という本質的な「術《すべ》」を身につけさせることができれば、それは私のクラスにいる間だけでなく、小学校を卒業し、やがて社会に出てからも必ず必要なものであり、役に立つはずです。

教科指導で子どもたちに「術」をもたせることの大切さは、これまで何度も述べてきました。「文章を読む術」「文章を書く術」をもたせることができれば、小学校の国語という枠をこえて文章が読め、書けるようになります。

学級経営や学級指導でも同じです。目先のルールや形ばかりを教えるのは、特定の文章の読み方だけを教えるようなものです。生活の中のどんな場面、どんなシチュエーションにも使える「術」をもたせることが、学級経営、学級指導の中に必要なのではないでしょうか。

私の学級指導は「はじめは厳しく、慣れてきたら子どもに任せる」だと言いました。反対に言えば、「任せてしまっても大丈夫なように、しっかりと指導する」ということでもあります。

私のクラスでは、「係」を私が決めることはありません。子どもたちが「こんな係が必要だ」と自分たちで考え、一緒に仲間を募るのに任せています。最初から係を決めてしまったのでは、どうしてその係が必要なのかという意識が育っていませんから、係活動もいい加減なものになってしまいがちです。しかし、自分たちで「この係が必要」と考えたものであればそんなことはありません。最後までしっかりと係活動を行います。

もちろん、最初から自分たちで係を考えることはできないでしょう。しかし、例えば教室をいつも快適な状態に保つためには、あるいは学級のさまざまな活動を円滑に行うためには、自分のことだけをやるのではなく、役割分担をして協力し合うことが大切だということを繰り返し指導し、「係の必要性」「係の大切さ」を理解させれば、自然と子どもたちの中から、その意識が生まれてくるのです。

教科指導と学級経営・学級指導。それぞれ別のことのように考えてしまいがちですが、どちらも「教育」にほかなりません。その場だけでなく、その子どもが人生の中でずっと使っていける「術」を伝えたいと考えています。

国語で子どもたちに伝えなければならない三本の柱――「用語」「方法」「原理・原則」

さまざまな場面で、「国語はよくわからない」という話を聞きます。

その理由として私は、国語が

・用語
・方法
・原理・原則

――の三つを明らかにせず、子どもたちに伝えてこなかったからではないか――と考えています。

せん。

子どもたちを「共通の土俵」に乗せるために不可欠な「用語」

「用語」は、単に言葉の定義を子どもたちに覚えさせることに意味があるのではありません。

例えば物語の視点について考えるとき、「語り手」の存在は重要です。物語のおもしろさをとらえるときにも、「登場人物たちは知らないが、語り手は知っている事実」などをとらえることが大切になります。

ここで「語り手」という用語を知らない子どもは、なかなかその存在を認識することができません。「作者」と表現する子どももいますが、「語り手」と「作者」は違います。「語り手」という用語を得て初めて、物語の中には、登場人物以外に「語り手」が存在することを認識できるようになるのです。

また、授業中のさまざまな話し合いや、自分の意見をまとめるときにも、「用語」は大きな意味をもちます。例えば要点、要約、要旨といった用語について、それぞれが何を表しているのか共通した認識をもっていないと、議論が成立しません。「この文章の要点は何か?」という問いに対して、ある子どもは「要約」をイメージし、別の子どもは「要旨」

をイメージするといったことになってしまいかねないからです。これでは、子どもたちを「共通の土俵」に乗せることができません。

さらに、用語をおさえることは、言葉の定義をしっかりさせることでもあります。それは、このあと述べる「方法」とも深く関わってきます。

具体的な「方法」を教えなければ、評価もできない

「用語」が、言葉が示す概念を表しているのに対し、具体的な手法を表しているのが「方法」です。この「方法」も、国語が長く子どもたちにきちんと指導してこなかったことです。

例えば音読の方法。小さな声でしか音読できない子どもに、どう指導していますか。「もっとはっきり、大きな声で読みなさい」と言うだけになっていないでしょうか。それは、音読の理想形を示してはいますが、どうすればそういう読み方ができるようになるのかは教えていません。「音読の方法」が示されていないのです。

それではいつまでたっても、大きな声で、はっきりとした音読ができるようにはならないでしょう。どうすればいいのかがわからず困っているのに、ただ「もっと大きな声で」

「もっとはっきり」と要求され続けることで、子どもはかえって委縮し、音読や国語が嫌いになってしまうかもしれません。

大きな声を出すには、まずは口を大きく開けることが必要です。そして、顔をうつむかせず、校庭の向こうへ声を届けるような気持ちで読ませると、しっかりと声を出すことができます。このような具体的な方法を示し、具体的に指導することが大切なのです。

読書感想文や俳句、短歌の指導についても「自分の感じたことを自由に書いてごらん」といったものになってしまっていないでしょうか。具体的な方法を教えずに子どもたちがどんどん文章や俳句、短歌を書けるのであれば、世の中には文章の達人や俳人、歌人があふれているはずです。ところが実際は「私は文章を書くのが苦手」「俳句や短歌をつくるのは難しい」という人がたくさんいるのは、小学校の国語の授業で、それらの具体的な方法を教わっていないからにほかなりません。

読書感想文ならば「私はこの本を読んで○○と感じました。なぜなら……」という頭括型もしくは双括型の形式を使えば、スムーズに書くことができます。文章の大半をあらすじを書いてお茶を濁すといったことはしないで済むのです。

俳句や短歌にも、ちゃんと「方法」があります。まずは自分が五感を揺さぶられた経験を短い作文に書きます。そこから言葉を拾い、音数や語順を工夫し、切れ字を添えていくのです。

方法を手にした子どもたちは、「自分にもできるんだ」という自信をもちます。そして、「もっとやってみたい」という意欲につながっていきます。

「用語」との関連でも「方法」は重要です。

「この文章を要約しなさい」という指示を行うときに、「要約」とは何なのか、どうすれば文章を「要約」することができるのかを事前に指導しておかなければ、子どもたちは、ただ何となく短い文章を書いて終わりでしょう。あるいはまったく書けないかもしれません。しかも、事前に指導していないわけですから、それを評価することすらできないはずです（実際には、指導の有無にかかわらず評価が行われてしまうケースが多いのでしょうが……）。

「方法」を教えないことが、「国語はよくわからない」というイメージを生んでいるのです。

言葉や文章を使いこなす術《すべ》、「原理・原則」

言うまでもないことですが、言葉や文章にはルールがあります。文章を読んだり書いたり、あるいは話したり、聞いたりするときには、このルールを知っていなければなりません。ルールには文法をはじめ、さまざまな要素が含まれますが、それらをまとめて、国語の「原理・原則」と読んでいます。

例えば、「しかし」という接続詞は逆説の接続詞です。直前の文の内容に反する文が続くことを表します。ここまでは、言語事項として、これまでの国語教育の中でも扱われてきました。

でも、「しかし」という言葉がもっている原理・原則はそれだけではありません。例えば説明文の中で「しかし」が用いられる場合、それ以前には一般的な事柄や、多くの人がもつ考えなどが書かれています。それらに対し「しかし」に続いて書かれているのは「実はこんなこともある」「私はこう考える」といった、筆者の主張に結びつく内容が書かれていることが多いのです。

この「原理・原則」を用いれば、説明文を読み筆者の主張をとらえるときの、手掛かりとすることができます。あるいは、自分でも文章を書くときに、一般論を述べた上で、それに反する自分の考えを書く――といった、文章構成の参考にすることもできます。

これまでの国語の中では、言葉や文章のルールについては、文法事項にとどまっていることがほとんどでした。しかし、そこから一歩進んだ「原理・原則」のレベルでとらえることができれば、言葉や文章を扱う上でより役に立つ「術」を手に入れることができます。これもまた、これまでの国語教育の中で、ほとんど触れることがないままにきてしまったことです。

私はこれら「用語」「方法」「原理・原則」を教えることが、国語教育における三本の柱であると考えています。

よくわからない、わかりにくい、何を教えたらいいのかがはっきりしない……などと言われ続けてきた国語ですが、こうやってみると、子どもたちに教えるべきことが何なのかがおのずとはっきり見えてくるのではないでしょうか。

と同時に、これら三本の柱を自分の中にもつことができた子どもは、一生使い続けることのできる言葉の力を得ることになるのです。

国語を支える三本の柱

用語
●子どもたちを共通の土俵に乗せる。
●言葉の意味を知る。
方法
●子どもたちが「できる」ようになる。
●評価の基準となる。
原理・原則
●文章を読み解く手がかりとなる。
●文章を書くための術となる。

ジョニー新聞
2015年4月14日発行
ジョニーとの思い出
重定律輝
ぼくの、ジョニーとの思い出はたくさんある。その中でも心にのこっている事は二つある。一つ目は、ジョニーに漢字の書き方のコツを教えてもらった事だ。おかげで漢字が好きだ。将来、役立っといいなと思っている。
そして二つ目は、研究授業の時に、「がんばったね。」と、とてもほめられた事だ。その時のうれしさは、やはり、今でもわすれられない。
ジョニー学級最後の一年よろしくおねがいします。たん生日おめでとうございます!!
3-3 TEAM JOHNNY
ジョニーの素敵なところ
ジョニーは毎朝タッチをしてくれるので、私は元気が出ます。じゅぎょうもおもしろいので楽しいです。そんなジョニーといよいよ清里合宿です。初めての3泊4日。どこに行くのかな、どんなことをするのかな、とワクワクしています。
ジョニーの素敵なところはいつもえ顔でいてくれることです。私はそんなジョニーが大大大好きです。
ジョニーひつじ
おめでとう
内田百合子
ジョニーに教わった事
田原衣紫
私はこの二年間でジョニーに教わった事が、二つあります。一つ目は、字をきれいに書く事です。
一年生の時から、ししゃや日記を書いているおかげで、一年生の時にぜんぜんきれいに書けなかった字も、今ではきれいに書く事ができるようになりました。二つ目は、絵手紙です。
私は、絵手紙が大きらいです。なぜかというと、色がうまくぬれないからです。
三年生になったら、上手にぬれるようにがんばります。
ジョニーおたん生日おめでとう
ジョニーおたん生日おめでとうございます。
ぼくの好きなジョニーのギャグは「ハクション大ま王」です。
ほかにギャグがあったら教えてください。佐々木良晟
Johnny
HAPPY BIRTHDAY
ジョニーの好きな所
小山たおと
ジョニー誕生日おめでとうございます。ぼくはジョニーの好きな所がたくさんあります。その中の一つは、運動会などでがんばるとほめてくれることです。ジョニー学級でよかったと思います。

第二章

国語教育で
これを教えてほしい

1 国語の授業で、何を教えるのか

この教材で、子どもたちにいったい何を教えたらいいんだろう。最初から決めておいてくれたら楽なのに……。そんなことを考えた先生も、決して少なくないと思います。

しかし白石先生は、その発想に違和感をもつと言うのです。

白石先生は、その教材で何を教えるべきなのかを聞く前に、まずは自分で教材分析や教材研究をしてほしいと強調します。

まず第一に、ある教材を用いて子どもたちに教えることができる内容は一つではないことを指摘します。子どもたちの状況に応じて、何を教えるのかを考えなくてはならないと。

そしてもう一つ、教材分析や教材研究をすることなしに授業に臨むのは、せっかくの子どもたちの発想を切り捨て、授業の幅と可能性を自ら狭めてしまうことになるのだ……と白石先生は語ります。

「を」か、「で」か

国語教育に、「を」か、「で」か……という議論があります。教材「を」教えるのか、教材「で」教えるのかという議論です。

結論を言えば、教材「で」教えなければならないと、私は考えています。それが物語の授業であっても、作品「で」教えなければなりません。作品「を」教えてしまったら、子どもたちは先生の解釈論ばかり聞かなければならなくなってしまいます。

ところがいまだに、作品「を」教えるような国語の授業が、実際には多いわけです。国語教育にとっての大きな問題です。

では、どうして教材「で」教える授業が行われてこなかったかと言えば、先ほど説明したように、現在、教壇に立っている先生自身が、教材「で」教わってこなかったからです。

例えば「段落」というものがあります。国語ではごく基礎的な事柄です。しかし、この「段落」についての知識を皆さんがきちんともっていらっしゃるのかどうか――という点について、心配になるときがあります。そしてその原因に、教材「を」教えることが続いてきたことがあるのではないかと思うのです。

私はよく先生方から、形式段落と意味段落の違いがわからない、段落が二種類あるのはおかしいしわかりにくい……といった相談を受けることがあります。中には、物語を意味段落に分けて考えようとする方もいて、これには驚きました。意味段落は、説明文を読み解くときに使うもので、物語で使うのは「場面」だからです。物語は意味段落ではなくて、場面で分かれているのです。でも、「そんなことも知らないんですか」と非難する気にはなれません。

文章は、まず「文字」があります。文字が集まって「言葉」ができます。言葉が集まって文になります。文が集まると形式段落になり、形式段落が集まって意味段落ができ、意味段落が集まって文章になります。物語ならば形式段落が集まって場面が構成されます。だから小学校に入学すると、まず「文字」を学びます。そして「言葉」を書き、「文」をつくります。こうやって段階を追って学んでいきます。

ところがどういうわけか、日本の国語教育の中で意味段落の定義、どうやって意味段落に分けるのかということが、はっきりと示されていません。これが、「段落はよくわからない」という意識につながり、よくわからないままにしているから、物語では意味段落ではなく場面を使うんだといったことの理解も不十分なままになっているように思います。

そうなってしまったのは、国語の学習の中心が、教材「を」教える授業だったからです。教材「で」教える授業であれば、何をどう教えるのか、その教材をどう読み解くのかといったことに関心がもたれます。段落をどう扱うのかといったことも議論されるはずです。

しかし、教材「を」教える場合、その中身はどうしても文章に書かれている内容に軸足が置かれるため、段落をどう定義するかといった話にはなりにくいのです。そのため、文章の読み方や書き方に関する具体的な方法が不十分だったり、学習用語の定義が明確でないことで授業における議論が十分に深まらなかったりといったことが続いてきたのです。

先生方の学びが、これからの国語をつくる

例えば説明文の授業で、「要約する」という活動があります。実際にどんな授業が行われているかというと、「じゃあ、この説明文を要約してごらん」と言うだけの授業です。「要約する」というのはどういうことなのか、どうすればいいのか、「要点をまとめる」や「要旨をまとめる」とはどう違うのか……といったことには触れずに、ただ「要約してごらん」と言うだけです。

また、子どもたちが書いた要約文をチェックするときも、「なんとなくまとまっている」からOK……となってしまいます。「こういう点がおさえられているから、要約ができている」「この部分が不十分」といった明確な基準はありません。

そして最後に、指導書に書かれていることを示し、「この説明文の正しい要約文はこれだよ」と言って終わりです。どうしてそういう要約文になるのか、どうやったら要約文が書けるようになるのか、子どもたちもわからないままだし、先生自身もわからない……。先生が手抜きをしているわけではありません。先生方ご自身が「要約とは何なのか」をご存じないのですから、仕方

ないのです。

私は、そんな先生方を責めるつもりは毛頭ありません。先生方が悪いわけではないからです。

これも、教材「を」教える授業に象徴されるような、具体的な方法を示さず、用語の定義を行ってこなかった、日本の国語教育そのものが原因なのです。

しかし、幸いなことに最近になって、このような「国語の基礎知識」の必要性を感じる先生方が多くなってきました。さまざまな研究会などに、「方法を学ぼう」「具体的な知識を増やそう」という先生方が、大勢詰め掛けています。そういった流れが、確実に広がりつつあります。

このように、これまでの日本の国語教育には、いくつかの問題点があったことは否定できません。その原因も、さまざまな要素が関係し合ってのことで、単純なものではないはずです。

私たちは今、それをしっかりと直視していかなければなりません。そしてそこから、学んでいかなければなりません。

それが、これからの国語教育をつくっていくための第一歩になるのです。

「だから何？」と思われてしまう授業

「何を教えるのか」ということについては、もう一つ、注意していただきたいことがあります。教材のもっている特性や特徴、教材の論理そのものを教えるのではないということです。

88ページで、「教材を教えるのか、教材で教えるのか」という話をしました。もちろん国語の授業としては「教材で教える」わけですが、しかし、説明文の授業になると、無意識のうちに「教材を教える」授業になっているケースが、意外と多いのです。

例えば説明文の基本三文型について、頭括型、尾括型、双括型の特徴や見分け方を学び、その説明文が三つのうちのどれに分類されるのかを見て、「ああ頭括型だったんだ」「やっぱり双括型だね」と確認する。……これで終わってしまったのでは、意味がありません。

その説明文が基本文型のうちのどれに当てはまるかは、その文章のもっている特徴の一つにすぎません。それを解き明かしただけでは、やはり「教材を教える」の域を脱していません。その教材文がどの文型なのかがわかったところで、他の説明文を読むときにも使える力は育っていないからです。

基本三文型のうちのどれなのかを見分ける力がついたとしても、その力を使って、説明文を次々に分類しただけでは、子どもたちは「だからなんなの?」と思ってしまうことでしょう。「この説明文が頭括型であることはわかった。だからなんだっていうの? なんの役に立つの?」と。

本来ならば、先ほど述べたように、それぞれの型にはどのような特徴があり、どう活用できるのか……といったところまで授業で踏み込むことができれば子どもたちも納得して学ぶことができるのですが、その手前の分類で終わってしまうと、子どもたちにとって国語は面倒くさくて、やることの意味がよくわからない教科になってしまいます。

これが算数ならば違います。三角形の面積を学習したら、その求め方を身につけることができます。その力はさまざまな図形の面積を求めることに応用できますし、体積の計算にもつながっていきます。三角形の面積を学習する意味が、はっきりしています。

国語も、学習したことがどういう意味をもっているのか、どういうことに使えるのかがわかる授業を、もっと行っていく必要があります。

なぜこのようなことが起きてしまうのかと言えば、「それを学んでどうするのか」という意識が、国語教育の中に少ないからではないかと感じています。学ぶこと自体が目的になってしまい、学んだことによって得た力をどう使っていくのかという意味での本来の目的が、明確に示されていないのです。

国語の中で、その点が比較的はっきりしている分野があります。それは、詩です。

詩には、「技法と効果」というものがあります。比喩や擬人化、リフレイン、体言止め……などが技法です。そしてそれぞれの技法を使ったときにどのような効果があるのかも学習します。子どもは、「なるほどこの技法を使うと、こういう効果があるのか」と知ることができるのです。

技法は知っているけれど効果はわからない……ということでは、せっかく学んだ技法を使うことはできません。

詩にどのような技法が使われているか、それはその詩のもつ特徴です。一つの詩を学習したことによって「擬人法」という技法を知った子どもたちは、他の詩を読んだときに「これは擬人法だな」ということが判別できるようになるだけでなく、自分で詩を書くときに、「こういう効果をねらいたいから、擬人法を使ってみよう」と、自分が身につけた知識や技能を活用できるのです。

ある説明文を見て、それが尾括型だとわかったら、そこで止まってしまうのではなく、「尾括型の文章はどんな特徴をもっているんだろうね」とか「尾括型は、驚きや感動を表すんだよね。じゃあ筆者は何に驚いたんだろう」という読みに入っていくことができます。あるいは、「自分が驚いたことや感動したことを誰かに伝えるのなら、どの文型で書けばいいかな。実際に書いてみよう」といった展開につなげていくことが大切なのです。

画一的な授業スタイルは通用しない

ただ、ここで注意していただきたいのは、これらのことはすべて、「子どもたちが豊かに読むことができる力を身につける」ためのことだということです。

私は、「こう教えなくてはならない」「こんな教え方をしてはいけない」といったことを強制するつもりはありません。

もちろん、「もっとこうしたほうが良いのではないか」ということを提案はしますが、実際にどのような教え方をするか、どんな授業を行うかは、一人ひとりの先生方に委ねられています。

クラスの状況や、どんな子どもたちが集まっているかはそれぞれ異なります。画一的な授業スタイルでは通用しません。だからこそ、先生方一人ひとりの考え方や力量が問われるのです。

私は、国語教育についての「ベクトル」を提案してきたつもりです。どういう方向で、どんなことを大切に考えるべきか……という提案です。ぜひこの「ベクトル」を受け取った上で、ご自身の授業のスタイルをつくっていただきたいと考えています。

国語の冒険ノート

・いまだに、教材「を」教えるような国語の授業が多い。

・教科書の指導書を見て、「この説明文の正しい要約文はこれだよ」と示して終わりでは、子どもたちは何も学ぶことができない。

- 基本文型を分類しただけ、用語を教えるだけの授業では、子どもたちは「だから何？」と思ってしまう。

2——改めて、「国語の読み」とは？

白石先生はこれまで、例えば「物語の10の観点」「説明文の10の観点」「詩の5の観点」などを示されてきました。

また、「3段階の読み」や「物語を一文で書く」といった手法も提案されてきました。

それらに共通しているのは、物語や説明文をまるごと読むことにつながるということです。

白石先生は、これまで多く見られた細切れの読みについて、「まるでフルーツケーキのなかのフルーツをほじくり出して食べるようなもの。それではフルーツケーキとしてのおいしさはわからない」と、作品をまるごと読むことの大切さを強調するのです。

フルーツケーキを味わうように読む

私は、国語の授業で行われてきた、作品を段落ごと、場面ごとに細かく切って、その断片を読んでいく細分化された読み方は、「フルーツケーキの中のフルーツを、一つひとつばらばらに食べるような読み方」だと考えています。

フルーツケーキのおいしさは、そこに入っているいろいろなフルーツの酸味や香り、スポンジの甘さといったものを一緒に味わうからこそのおいしさです。それを、リンゴ、キウイ、パイナップルとばらばらにスポンジから取り出して別々に食べたのでは、リンゴやキウイそれぞれの味はわかるかもしれませんが、フルーツケーキのおいしさを味わったことにはなりません。

物語も、ばらばらな場面が寄せ集まっているわけではありません。それぞれが相互に関係し合い、結びついて全体が構成されているのです。「3段階の読み」の第2段階で細部を読んだ後、第3段階でもう一度全体に戻るのはそのためです。全体の中でその細部をとらえ直すことによって、読みの深さや理解がさらに増すのです。

物語を書いた作者は、物語全体を通して、何かを語ろうとしています。であれば、読み手も全体を通して読まないと、作者が描こうとした世界をつかむことはできないと思います。

ところで、3段階の読みというと、国語の授業で文章を読み解くための特別なテクニックのような印象をもたれているかもしれません。しかし、実は3段階の読みは、読書生活を豊かにする読み方でもあるのです。

私はいつも、「国語の授業と読書指導とを区別しなくてはいけない。国語の読みは、読書生活での読みとは違う」と言っていますし、その考えに変わりはありません。しかし、これも何度も言っているように、読書指導や読書生活を否定しているわけではありません。国語の授業における読みとそれらとは違う、混同してはいけない——ということを言っているのです。

そもそも国語とは、言語を学ぶことです。読書をするためには、書かれていることを読むという言語の力が必要です。言語に関する能力が高ければ読書生活における読みも深まり、物語を深く味わうこともできるようになるのです。

こう言っていると、何か特別な読書方法があるように受け取られてしまうかもしれませんが、そんなことはありません。本が好きな人ならば、当たり前の読み方です。

物語を手に取ったら、普通は最初から最後までを通して読みます。第1段階の全体を通した読みです。

この物語が気に入ると、一度読み終わった後にもう一度、特に感動した場面や印象に残った場面を、拾い読みすることがあります。実際に本を開かずに頭の中で反芻することもあるでしょう。これが第2段階の細部の読みです。

この二つの段階を経て、もう一度物語全体を最初から最後まで通して読み直してみると、最初のときには気づかなかったことを見つけたり、味わいがより深くなったりすることはよくあることです。これが第3段階の、もう一度全体を読む、です。

いかがでしょうか。3段階の読みが読書生活にも応用できることをおわかりいただけたでしょうか。

一文で書いて、物語をとらえる

私は物語の授業の中で、「一文で書く」ということを子どもたちにやらせてきました。物語を、

□が、
□によって（することによって）、
□になる（する）話。

と表現させます。

これは、単に物語を要約するというわけではありません。

物語とは、「中心人物の変容を描いたもの」と言うことができます。ですから、下の図のような矢印で表すことができます。

「一文で書く」とは、物語の大切な要素である「中心人物」「中心人物の変容」「中心人物の変容のきっかけ」を、一文で表現しよう

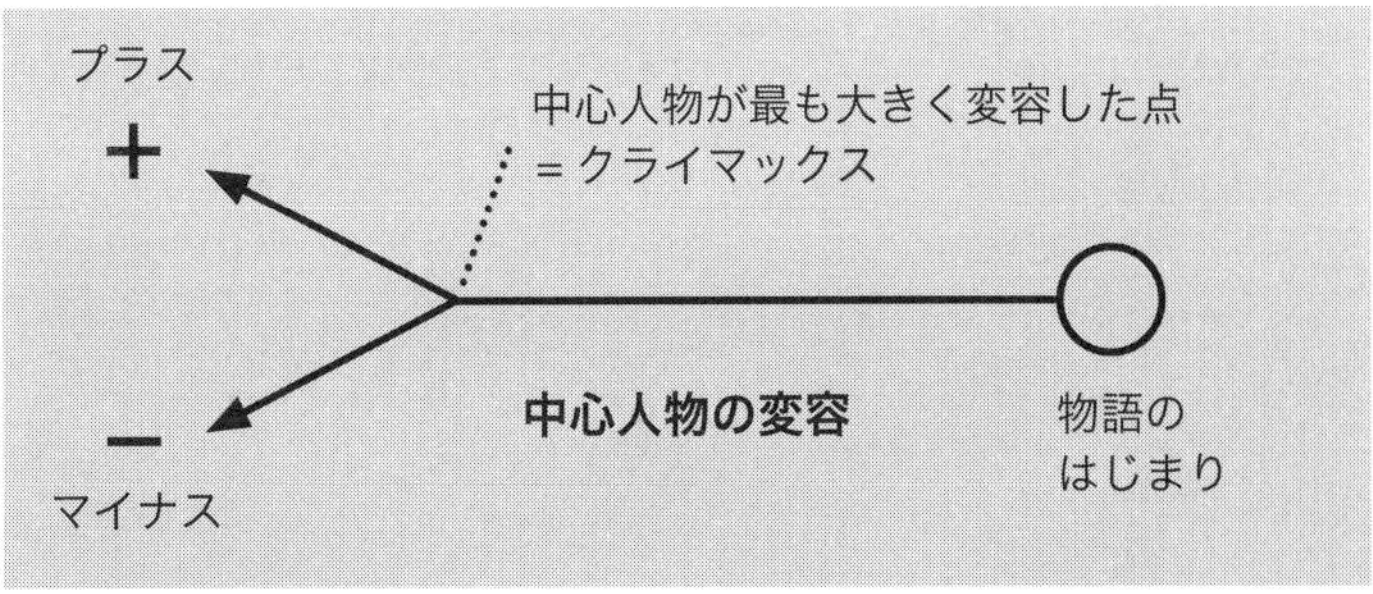

というものです。

場面ごとにとらえていくような読み方をしていたのでは、このような一文で物語を表すことはできません。作品全体をとらえることができてはじめて、このような一文を書くことができるのです。

ですから反対に、「一文で書いてみよう」という課題をもたせることによって、全体をまるごと読むという意識を子どもたちにもたせることもできるでしょう。

これまで行われてきた「ごんぎつね」の授業は、そこに書かれていない「ごんの心」ばかりを読もうとするものであったと思います。しかしそれは、事実を読み取るものではないし、さまざまな出来事と、ごんの動き、ごんの言葉などをばらばらに取り出し、勝手な想像を交えながら解釈していくという読みにつながっていました。

しかし、第一章で見て述べたように、物語に書かれている事実を丁寧に読むことによって、ごんの姿が、それまでの想像をこえて明確に浮き上がり、「ごんぎつね」という物語が描いた世界全体をとらえることができるのではないでしょうか。

これからの国語の授業で必要な読みは、このような読みなのです。

「何を教えればいいんですか?」と問われることの違和感

研究会などで多くの先生方から寄せられる質問に、「この教材で、子どもたちに何を教えればいいのですか?」というものがあります。私はこの質問に、いつも違和感をもつのです。

ある教材を取り上げたときに、その教材を使って一つのことしか教えられないということはほとんどありません。

教材はさまざまな側面をもっています。そのうちのどの部分を中心に扱うかということによって、その教材の学習で子どもたちに何を教えるのかということは変わってきます。

ですから、「この教材で何を教えればよいのか」と考える前に、「この教材はどんな教材なのか、どんな特性や特徴をもっているのか、この教材がもっている論理は何なのか」を見てほしいと思うのです。

皆さんがよく知っている「蛍の光」という曲があります。卒業式でも歌われますが、ゆったりとしたメロディーが、何とも名残惜しい、去りがたい雰囲気を醸し出してくれます。

一方、デパートや飲食店などでも閉店時刻が迫ってくると同じような曲が流されることがありますが、そのときの気分を思い出してみてください。卒業式のときとは違って、どことなく急《せ》かされているような感じはしなかったでしょうか。

実は、デパートや飲食店の閉店時刻に流されることの多いこの曲は、「蛍の光」ではないのです。「蛍の光」はスコットランド民謡「オールド・ラング・サイン」が原曲です。オールド・ラング・サインは旧友との再会を歌った曲ですが、日本では明治のはじめに「小学唱歌集」に掲載されたときに、別れを歌った歌詞がつけられました。一方、デパートや飲食店の閉店時刻に流されることが多いのは「別れのワルツ」という曲です。この曲もオールド・ラング・サインが原曲ですが、一九四〇年のアメリカ映画「哀愁」の劇中曲として編曲されたものです。

「蛍の光」と「別れのワルツ」は、共にオールド・ラング・サインを原曲としているので、とてもよく似ているのですが、よく似ているにも関わらず、「蛍の光」を聞くと「名残惜しさ」を感じ、「別れのワルツ」を聞くと、「さあ、急いで帰らなきゃ」と、反対の印象を受けます。何とも不思議だとは思いませんか。実はこれには、ちゃんと理由があります。「蛍の光」は原曲と同じ四拍子であるのに対して、「別れのワルツ」はその曲名が示すように、三拍子なのです。

四拍子はゆったりと、落ち着いた印象をもたせますが、三拍子はテンポの良さを感じさせます。だから、「蛍の光」はゆったりと別れを惜しみ、「別れのワルツ」は急かされるというわけです。このように、元は同じ曲でも、リズムや拍子の取り方、アクセントのつけ方をちょっと変えるだけで、曲が描く世界の印象が変わるのです。

これと同じようなことが、説明文にもあります。

説明文の基本形は、「頭括型」「尾括型」「双括型」の三つです。このほかに「観察記録」や「紀行文」などがありますが、大多数は、この三つのうちのどれかに当てはまります。

念のために説明すると、

文章の最初に結論が述べられている…頭括型

文章の最後に結論が述べられている…尾括型

文章の最初と最後の両方に結論が述べられている…双括型

ということになります。

実はこれまで行われてきた説明文の授業では、こういった基本三文型に触れることはほとんどありませんでした。内容だけを読もうとしていました。内容の読みに特化してしまっていたのです。

すると、どんな説明文でも、やることは「なぞり読み」ですから、説明文の学習はどれも同じ――という状況が生まれてきたのです。

このことは、授業の展開の仕方だけの話ではありません。テストや評価にも関わってきます。内容中心の読みを行ったわけですから、テストも、その説明文に書かれている「内容」に軸足を置いたものになってしまいがちです。これでは説明文の読みの力を試すテストにはなりませんし、それを評価することもできません。

これが、これまで行われてきた、内容の読みに特化した説明文の学習なのです。

では、内容の読みに特化するのではなく、基本三文型をとらえながらの読みだとどうなるのでしょうか。

先ほど、「蛍の光」は、四拍子にするか、三拍子にするかによって曲がつくり出すイメージが違うと述べました。説明文の基本三文型についても同じようなことが言えます。

実は基本三文型は、単なる形の違いではありません。それぞれの文章には、次のような特徴があるのです。

・頭括型…事実を伝える。
・尾括型…驚きや感動、おもしろさを伝える。
・双括型…説得の論法。

説明文に出会ったとき、その文章が頭括型であれば、筆者はある事実を伝えることを重視してその文章を書いたはずです。それならば、書かれている事実を正確に読み取ったり、内容を表に《ひょう》整理したりするといった読みが考えられます。もしいくつかの事例が並列で述べられているのであれば、その順序に筆者の何らかの意図があるのかもしれません。あるいは、純粋な並列ではなく、その中でもある特定の事例について特に強く述べようとしていることもあります。

尾括型は、驚きや感動、おもしろさを表現するのに向いています。文章の頭に問いの文があり、最後にその答えがあるような説明文を考えていただければいいでしょう。

尾括型には、筆者が最も伝えたいことが最後に述べられ、それ以前の部分に、結論を導き出すための事例や根拠が述べられます。したがって授業では、問いと答えの関係を見たり、いくつか述べられている事例が、直列に並べられているのか、並列に述べられているのか、といったことを考える授業も考えられます。

また、結論に至る前にいくつかの問題提起や疑問などを提示することで、結論を「種明かし」のように見せることもあります。これも、筆者が最も伝えたいことを強調する効果があると言えるでしょう。

最後は双括型です。双括型は、最初と最後に結論が繰り返されることで、結論が強く打ち出されます。したがって「説得」の効果が強くなります。

双括型は、子どもたちが作文、特に意見文や、読書感想文を書くときに使えます。はじめに「自分がもっとも伝えたいこと」を書いてから、どうしてそう思ったのか、そう考えるようになったのかを書いて説明します。そして最後に、「だから」という接続詞をつけて結論をもう一度書けば双括型の文章になります。

このようにして書いた作文は主張が強く打ち出されるだけでなく、途中で自分が書きたかったことを見失い文章が迷走してしまったり、事例や根拠と結論が結びつかなかったりすることを防ぐことができます。

このように、説明文が基本三文型のうちのどれかを見極め、その中がどのような構造になっているのかを分析していくと、さまざまな授業の可能性が見えてきます。それらのことに、子どもたちの状況や、これまでの学習で積み上げてきたこと、今後の学習の予定なども加味した上で、「じゃあ、この教材のどういったところを子どもたちに着目させようか。それによって子どもたちにどんな読みの力をつけることができるか」といったことを検討するのが教材分析であり、教材研究なのです。つまり、教材分析や教材研究がなければ授業を組み立てることはできないのです。

また、授業は生き物だと言われる通り、当初の計画通りに授業が進むということはありえません。想定外のところに子どもたちが引っかかったり、思わぬ方向に授業が転がっていってしまったりすることもあります。自分で教材分析・教材研究を行うことをしないで授業に臨んでいると、そんな時に対応することができず、子どもの関心・意欲や、解決したい問いの存在を切り捨てざるを得ないといった状況にさえなりかねません。

教材ごとに、「この教材ではこれを教える」という例をあげることは簡単です。しかしそれでは、クラスの実態などを反映させられないだけでなく、教材分析・教材研究を行わないことで、授業の可能性を非常に小さなものにしてしまうのです。

だから、「この教材で何を教えるのか」という短絡的な結論に飛びつくのではなく、十分に教材分析・教材研究を行うことが大切なのです。

ツールを意識しない、国語の不思議

本書の冒頭で、「ごんぎつね」の視点の転換に触れましたが、その学習で「物語には視点の転換がある」ということを知った子どもたちは、その力を、次の読みの学習に使うことができます。「大造じいさんとがん」の学習で、「あ、ここに視点の転換があるぞ。ということは、そのすぐ後にクライマックスがくるな」ということがわかるのです。

あるいは、「わかりにくい」と言われることが多い、宮沢賢治の「やまなし」の学習にも関係してきます。「視点」の意識をもつことができた子どもたちは、「やまなし」を読んだときに、最初と最後の柱は語り手である賢治の視点で書かれ、中の幻燈はカニの視点であることに気づくことができます。これは二重構造と言われるもので、はじめからこの構造を理解させようとすると苦労するものですが、「視点」というツールをもった子どもたちは、比較的抵抗感をもたずに理解し、全体の構成をつかむことができます。

先生方にお願いしたいのは、国語も、子どもたちにツールや技術を与える教科なんだという意識をもってほしいということです。

他教科に当てはめてみればわかると思います。算数ならば、問題文に書かれていることをいかに理解するか、どうやって計算するかという具体的な方法を教えるわけです。技術を与えているのです。算数に限りません、国語以外の教科はみんなそうです。国語だけが、漠然とし、それがずっと続いているのです。

ツールを与えずに国語の学習に取り組ませるのは、手近な棒きれでゴルフをさせるようなことかもしれません。棒があれば何とか球を飛ばすことはできるでしょうが、精度はめちゃめちゃで

しょうし、飛距離だって伸びません。いくら練習させたところで、決してうまくなることはないでしょう。本人の努力が報われることがないのです。はじめのうちはゴルフに興味をもっていた子どもも、何回やってもうまくいかないことで飽きてしまい、「ゴルフなんかつまんない」と言い出すことでしょう。これが、これまでの国語を取り巻く状況だったのです。

こう述べてくると、今の国語は問題ばかりかかえており、国語に未来がないように思えてしまうかもしれません。

しかし今、国語は変わり始めています。方法や用語の大切さ、読みのツールを子どもたちにもたせることの必要性に気づいた先生方が増えてきています。特に若手の先生方にそれを学ぼうとする方が多いことは、何とも心強いことです。

先生方には、もっともっと子どもたちに、読みのツールを与えてほしいと思います。そして、先生方自身も、もっと読みのツールを手に入れてほしいと思います。

それが、子どもたちの読みの力を伸ばし、子どもたちの生活を豊かなものにするのです。

国語の冒険ノート

● 物語を細分化した読みは、「フルーツケーキの中のフルーツを、一つひとつばらばらに食べるような読み方」。全体を味わえる「まるごととらえる読み」が必要。

●「想像や思い込みなどを排して物語の事実を読みなさい」と言っても、具体的な方法を示さないのであれば、これまでの国語教育と同じになってしまう。

●国語も子どもたちにツールや技術を与える教科であることをもっと意識すべきだ。

ジョニー新聞
2015年4月14日発行
3部3年
ぼくらのジョニー
1年生のとき
初めのいんしょうは「きびしそうだ…。」
保育園の女の先生たちとちがった。
「小学生になったのだからしっかりしよう」ときんちょうした
2年生になったら
ジョニーはけっこう「わらうこともある。」と気がついた。
先生がわらうのは
1だれかの役にぼくたちがたった時
2しっぱいしてもあきらめずにがんばった時。
そして 3ダジャレを言う時
3年生になったら…
ぼくは「びっくりした顔が見てみたい。」
ジョニーはいつもドーンとしている
あわてない ぼくは今年ジョニーのびっくりした顔がみたい
北裏 善康
何をしたらビックリしてくれるのか
みんなでジョニーをおどろかせる作戦を立てています
HAPPY BIRTHDAY JOHNNY
ジョニー
村岡杏美
おはよう タッチ
こくごの ジョニー
とっても とっても
こわいけど
メガネの おくでは
わらってる
さよなら ジョニー
たいへん たいへん
またまた しゅくだい
いっぱいだ
いそいで かえろう
また あした
おたん生日
おめでとうございます。
先生、一年間どんな年でしたか。
ジョニーといられる最後一年になります。
清里合宿もあるので沢山思い出を作りたいです。また、げきの発表がしたいです。
先生の好きな所ベスト3
3.おなか(さわってみたいな)
2.国語が好きになれたこと
1ジョニーが言うじょうだん
圭心
ジョニーは先生の中の先生?!
研究会の日になるとジョニーのクラスには教室に入りきれないくらい大ぜいの先生(百人以上?)がいらっしゃいます。先生方はジョニーのじゅぎょうを見て教え方を勉強しているようです。ジョニーは、たくさんの本や問題じゅうも出しています。そんなジョニーに教えてもらえるのはあと一年。ぼくはジョニーからたくさんのことを習いたいです。
熊崎 舟航
おはようタッチ
白石先生とは、毎朝「おはようタッチ」をします。その時いっしょに、「あいさつ」もします。先生の手は、あたたかくて、とても大きいです。
だれが来ているのかを、かくにんするためだと思います。それだけではなくて、生との気分や様子を、見てくれているのだと思います。だから、「おはよう」だけではなくて、色々な言葉を言ってくれる時があります。
鎌田 真衣佳
私のベスト3
1.だいじょうぶ?(ケガ)
2.がんばれよ!(運動会)
3.元気ないなあ(調子が悪い)

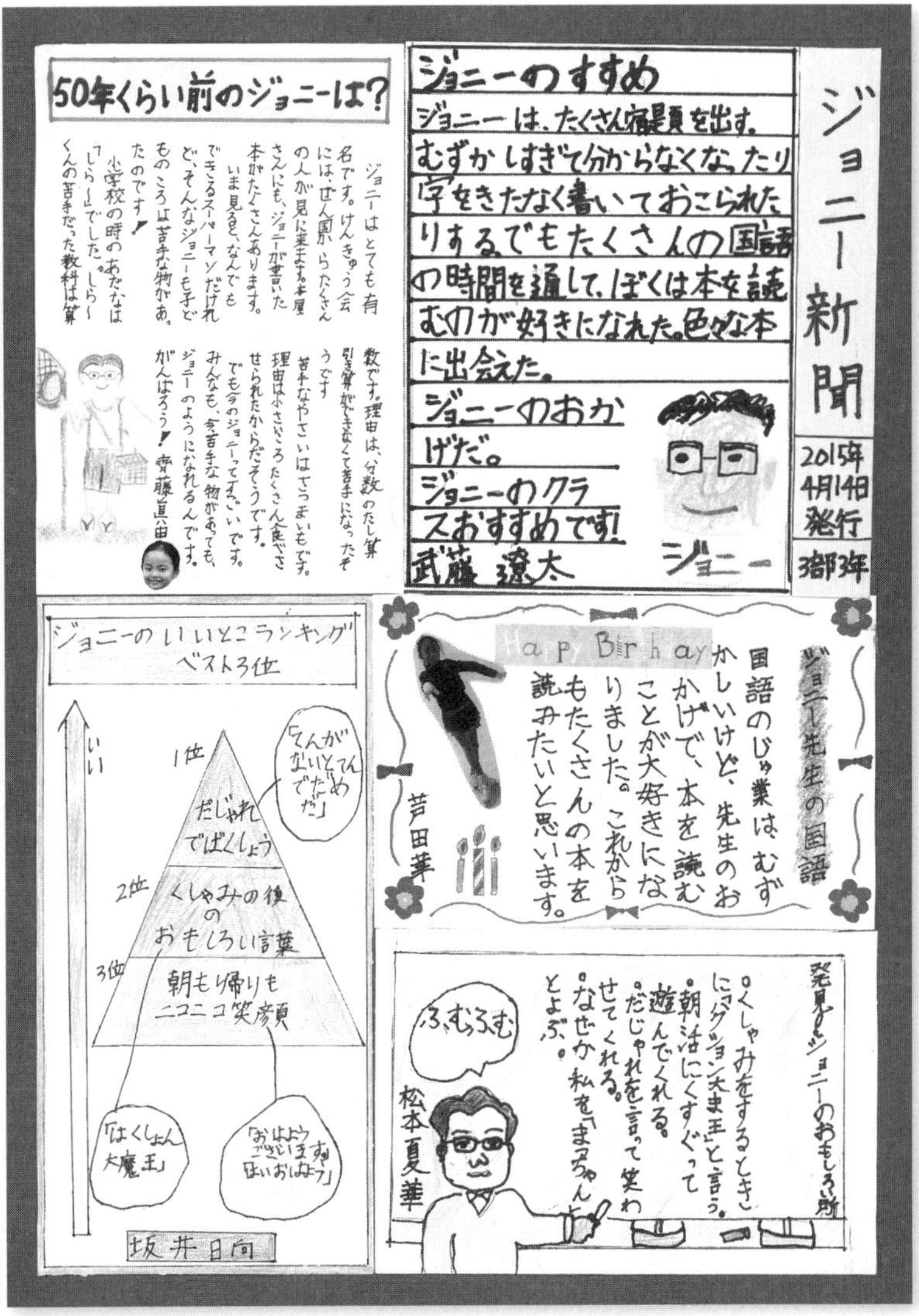

ジョニー新聞

2015年4月14日発行

3部3年

50年くらい前のジョニーは?

ジョニーはとても有名です。けんきゅう会には、ぜん国からたくさんの人が見に来ます。本屋さんにも、ジョニーが書いた本がたくさんあります。いま見ると、なんでもできるスーパーマンだけれど、そんなジョニーも子どものころは苦手な物があったのです!

小学校の時のあだなは「しら〜」でした。しら〜くんの苦手だった教科は算数です。理由は、分数のたし算引き算ができなくて苦手になったそうです

苦手なやさいはさつまいもです。理由は小さいころたくさん食べさせられたからだそうです。

でも今のジョニーってすごいです。みんなも、苦手な物があっても、ジョニーのようになれるんです。がんばろう! 齊藤真由

ジョニーのすすめ

ジョニーは、たくさん宿題を出す。むずかしすぎて分からなくなったり字をきたなく書いておこられたりする。でもたくさんの国語の時間を通して、ぼくは本を読むのが好きになれた。色々な本に出会えた。ジョニーのおかげだ。ジョニーのクラスおすすめです!

武藤遼太

ジョニー

ジョニーのいいとこランキング ベスト3位

いい

1位 だじゃれでばくしょう

「てんがないとてんでだめだ」

2位 くしゃみの後のおもしろい言葉

3位 朝も帰りもニコニコ笑顔

「はくしょん大魔王」

「おはようございます」「はいおはよう」

坂井日向

Hap py Bir h ay

ジョニー先生の国語

国語のじゅ業は、むずかしいけど、先生のおかげで、本を読むことが大好きになりました。これからもたくさんの本を読みたいと思います。

芦田華

発見!ジョニーのおもしろい所

- ○くしゃみをするときに「ハクション大魔王」と言う。
- ○朝活にくすぐって遊んでくれる。
- ○だじゃれを言って笑わせてくれる。
- ○なぜか私を「まるちゃん」とよぶ。

ふむふむ

松本夏華

《ミーティングルーム》

「これさえ教えればいい」とならないために

先生方が悪いんじゃないんです。

白石　例えば説明文の授業で、基本三文型のうちのどれに分類されるのかを見ただけで終わってしまう授業が多いことの原因の一つに、先生方自身が、説明文は基本三文型に分けられる、分け方はこうだ——といった知識が不足しているということもあるんじゃないかと思うんです。

▲▲　先生方が勉強不足だという指摘ですか？

白石　いや、そうじゃないんです。先生方が悪いんじゃない。いつも言うことですが、そもそも日本の国語教育の中で、そういったことを教えてこなかったんです。だから、先生方ばかりを責めるわけにはいかないんです。

■■　文章を読むためのツール自体が、明確になっていなかった。今はやっとそのツールの存在が明らかになってきたばかりだと。

「何を教えようか？」という方向にいけば、もっとおもしろくなる。

白石　そう。ただ、若い先生たちを中心に、これはおかしい、このままじゃまずい……という意識も広がってきているように感じます。実際、私が関わっている研究会でも、今やっと、先生方が説明文を読んで、「頭括型だ、双括型だ、尾括型だ」っていう議論が自然と出てくるようになりました。これはいいです。すごくいい。次はそこから、「だからなんなの？　だから何を読ませなくちゃいけないの？」という方向にいくようになれば、教師としてものすごくおもしろくなるはずなんです。国語を教えることの醍醐味が、その先にあるんですから。

●●　さっき、「この教材で何を教えたらいいんですか？」という質問に対して、違和感をもつということでしたが、ずっと長く使われていて、定番となっているような教材もありますよね。例えば「ごんぎつね」とか。ああいった教材ならば、「この教材でこれを教える」ということが、もうちょっと明確にできるんじゃないかなと思うんですが。

白石　教材ごとの指導事項がもっとはっきりしていたら、授業もやりやすいし、悩まなくていいのに、ということでしょ。私はそうじゃないと思うんです。はじめから「この教材ではこういう授業をやって、これを教えればいい」ということが出来上がっていたら、先生方の授業は、それをなぞるだけの授業になってしまうんじゃないかな。指導書に頼りすぎることについては再三いろいろ言っているんだけど、それと同じようなことが起きてしまうと思う。

やっぱり、この教材はどんな教材なんだろうと、先生方が特徴を見いだした上で、じゃあ、こういう授業をやろう、この特徴を使ってこれを教えようと考えることが、生きた国語の授業には必要なんじゃないかと思います。あらかじめ「この教材ではこれを教えればいいですよ」って示されてしまったら、「何だか理由はわからないけれど、これさえ教えればいいんだな」となってしまいそうで。

ベテランの先生にも意識を変えてほしい。

●● でも、まだ経験の浅い先生だったら、そこまで行くのはなかなか大変じゃないですか。

白石　確かにそうかもしれない。でも、それだったら相談するのは、いきなり「何を教えればいいですか」じゃなくて、まずは「この教材をどう分析したらいいですか」っていうことだと思う。あるいは、「子どもたちにこういう力をつけさせたいんだけど、どんな教材を使ったらいいですか」とか。いずれにしても、先生自身が、何のために何を教えるのかという目的意識をしっかりもつことが、やっぱり大切なんじゃないかな。

●●　なるほど。

白石　それとね、さっきも話したように、若い先生たちは国語を教える上で目的をはっきりさせたい――という気持ちを、意外と強くもってると思うんです。強くもつようになってきた、と言ったほうがいいかな。あまり言うと差しさわりがあるかもしれないんだけど、目的が不明確なまま授業をしていたり、「何を教えればいいんですか」と質問してくるのは、案外ベテランの先生に多いんですよ。

■■　へー。

白石　やっぱり長く、そういった授業を続けてしまっていると、そこから意識を変えて、授業も変えていくというのは、なかなか大変なことなんだと思います。もちろん、意欲的に取り組んでいらっしゃるベテランの先生だって、大勢いらっしゃいますよ。ただ、若手の先生だから取り組むのが大変というのは、ちょっと違う

授業はもっと変えていかなければならない。

んじゃないかなということを、言いたかったんです。

◆◆　あのー。

白石　なんですか？

◆◆　研究会で授業を見たあとのシンポジウムなどで、「今の授業で、何を教えたいのかということはわかったんですが、それを教えてどうするんですか？」といった質問をすると、ものすごく批判されるんですよね。「それを教えてどうする？とは何事か。それを教えるのが国語だろう」と。まあ私の聞き方も悪かったのかもしれませんが。

白石　確かに、だから何なんだ、と言いたくなるような授業は、研究会レベルの授業であっても、まだまだありますね。提案者の意識も、なかなかそこまでいっていなかったりするんです。そういうことも、やっぱりこれまでの国語教育の中でずっと続いてきてしまった問題だし、これからもっと変えていかなくてはならないことなんじゃないかな。

「テクニック」も教えなければならない

◆◆　ツールが大切だという白石先生のお話は、よくわかります。これまで、「用語」や「方法」が大切だと主張されてきたのも、同じことですよね。

白石　その通りです。例えば接続語や指示語を手掛かりにしながら読んでいけば、相当長い文章であっても、短時間に概要をつかむための技術になるんです。

◆◆　そうすると、全体を読まなくてもいい。接続語だけ読めばいい……となってしまいませんか？

接続語で、全体の概要がつかめます。

白石　いや、そうじゃない。接続語、指示語に着目するのは、あくまでも概要を短時間にとらえるためであって、内容論に入れば、当然それ以外の部分もきちんと読んでいかなければなりません。ただ、先におおまかにでも全体の構成をとらえていれば、どこを深く読めばいいのか、絞って読むことができるということなんです。

◆◆　例えば説明文を読んでいくときに使えるツールである「主語連鎖」は、段落構テクニックも教えなくてはならないんです。

成をとらえる上でとても価値のあるものだと感じています。そういう方法を明らかにしていくことは、国語教育の中でとてもいいことだと思います。ただ、接続語に着目して読むというのは、テクニックなんじゃないかと……。

白石　そう。テクニックですよ。主語連鎖をもとにして読んでいくというのは、形式段落の中で何をいちばん述べようとしているのかを明らかにしようという考え方です。具体的な方法としては、その段落の中に逆接の接続詞「でも」や「しかし」があれば、そのあとに、その段落でいちばん述べようとしていることがあると。それを抜き出して「段落の主語」とし、それを並べてみることによって、意味段落のまとまりが見えてくるし、文章全体の構成もわかると。段落の主語はそういうふうに使ってほしいツールなんです。ある意味、これもテクニックと言えないこともないでしょうね。

◆◆　でも、テクニックを教えることに対しては、反論もありますが……。

白石　いや、テクニックも教えなくてはならないんです。すべての文章を、そのテクニックだけで読めばいいというようなことを言っているわけじゃないんです。また、そもそもテクニックだけで読めるものでもないんです。大切なことは、そのツールがテクニックなのかどうかといったことじゃなくて、そのツールなり、テクニックなりを使って、何をするかということじゃないでしょうか。たとえそれがテクニックと言われるものであったとしても、問題ないと思います。それよりもむしろ、十分なツールなりテクニックなりを子どもに与えることもせずに、ただ読みなさい、書きなさい、考えなさいと言っていることのほうが問題だと思います。

コラム 子どもたちと私

最後の運動会

「大丈夫。誰もあなたを責めないから……。」

運動会の名物競技、二人三脚で転んでしまった子どもに、クラスのみんなが、そう言葉をかけました。

運動会が近づくと、競技や応援の練習で、学校中が盛り上がっていきます。三年間同じクラスが続くのも、クラスごとの団結力の強さに結びついていると言えるでしょう。

私のクラスも例外ではありません。「ジョニー」の旗のもと、ときにピリピリとした空気さえ感じることがあります。(「ジョニー」というのは。筑波大学附属小学校での私のニックネームです。私が担当する国語のノートには「ジョニーの国語」と書いています。どうして私がジョニーと呼ばれるようになったのかは、この本のどこかに書いてあります。探してみてください。）

　そんな中で私が子どもたちに言い続けたのは、「絶対に仲間を責めるなよ」ということです。

　運動会は魔物です。クラスが団結し、優勝をめざす気持ちが強くなればなるほど、「勝ち」にこだわる気持ちが子どもたちの心に芽生えてきます。それがモチベーションにつながっているうちはいいのですが、いきすぎてしまったときが問題です。

　いくら練習を積み重ねてきても、いざ本番となったときには何が起きるかわかりません。練習ではあんなにうまくいっていたことが、ちょっとしたミスでぼろぼろになってしまうことだって、珍しくありません。

　一人の失敗が原因で、クラスの順位が後退してしまったとき、どうしてもその子を責める空気が生まれてしまいます。もしその空気をそのままにしておいたら、その子どもは運動会が終わったあとも、クラスの中で孤立してしまいます。クラスの中で孤立している子どもが一人でもいたら、そのクラスは、クラスとして成り立っていないのです。クラス全員が笑顔でいられてはじめて、クラスが成り立っていると言えるのです。

だから私は、運動会の練習のときに必ず言うのです。

「絶対に、仲間を責めるなよ！　もし、仲間が失敗したら、その人を責めるんじゃなくて『大丈夫。このあとぼくががんばって挽回するから、安心して』と言ってあげなさい。それが本当の仲間なんだよ。」

私の、筑波大学附属小在職中、最後となった二〇一五年の運動会。クラス同士が競り合う二人三脚レースで、それは起こりました。焦りすぎたのでしょうか、ある子どもの足がもつれ、転んでしまったのです。上位を争っていただけに、正直に言って私自身も、「あっ、やっちゃった！」と反射的に思ってしまいました。

しかし、半べそでゴールした子どもに駆け寄った子どもたちがかけた言葉は、「大丈夫、誰もあなたを責めないから安心して！」でした。私のクラスの子どもたちは、私以上に、私の願いを実行してくれたのです。

最終的に私のクラスは、見事優勝の栄冠を勝ち取ることができました。在職最後の年に優勝できるなんて、まるでドラマのようです。

しかしそれ以上にうれしかったのは、私のクラスでは、転んだ仲間を誰も責めなかったということです。

この子どもたちを担任できてよかった――私はそう思わずにいられませんでした。

「作品をまるごととらえる読み」は「3段階の読み」で実現する

作品をまるごととらえるための具体的な手法が「3段階の読み」

文章を冒頭から、段落ごと、あるいは場面ごとに区切って読んでいく「区切り読み」や「場面読み」が、多くの国語の授業で行われています。そして、それがイメージと感覚の読みにつながってしまっていることは、本文中でも指摘しました。

そこで必要なのが、作品をまるごととらえる読みです。

物語にしても説明文にしても、それを書いた作者や筆者は、文章全体を通して一つの事柄を描こうとしたはずです。その文章の一部分だけを取り出して読み解いたところで、作者や筆者が描きたかったことをとらえることはできません。作品全体をまるごととらえることが必要なのです。

しかし、国語の授業でいきなりそれをやろうとしても、さすがに無理があります。まだ十分な読みの力を獲得していない子どもたちに対して、「作品全体をとらえなさい」と言っても、とまどうばかりでしょう。

そこで、作品をまるごととらえるためのステップとなるのが、「3段階の読み」です。作品を読むときに、

第1段階　全体をとらえる
第2段階　細部を読む
第3段階　再び全体をとらえる

という三つの段階を踏んで読んでいく方法、あるいは、授業を展開していく方法です。

第1段階では、音読などを行うことで、作品の概要をつかみます。どんな物語なのか、何について書かれた説明文なのかをつかみます。

しかしこの程度の読みでは、作品をしっかりとらえることはできません。さらに深く読み進めていかなければなりません。それが第2段階の「細部を読む」です。

ここで注意していただきたいのは、「細部を読む」とは、区切り読みや場面読みではないということです。

例えば物語全体の因果関係を見ていくとか、中心人物の変容を追ってクライマックスを明らかにするなどといった読みです。第1段階の読みよりも細部を読んでいくことになりますが、作品の全体を扱うことには変わりありません。物語の結末について考えるときにも、その場面だけでとらえるのではなく、冒頭の設定の部分と関連づけながら読むこともあります。それが、区切り読みや場面読みとの決定的な違いです。

細部を読むことができたら、再度、全体に戻ります。細部の読みで見えてきたことをおさえながら、全体をとらえ直すのです。これによって作品全体を深くとらえることができます。

授業の展開を3段階の読みで行うのであれば、例えば第3段階で表現活動を行うといったことも考えられるでしょう。

実生活の読みにも役立つ「3段階の読み」

3段階の読みについてはこれまで、授業展開の方法として多く述べてきました。しかしこれは、その名の通り、「読み」の方法でもあることを、この機会におさえておきたいと思います。

例えば長い文章や、込み入った文章を読むとき、文章の最初から詳しく読んでいこうとすると、なかなか意味をとらえることができないことがよくあります。

そんなときには、まずは最初から最後までざっと読んで全体をとらえてから、特に重要な部分や、わかりにくい部分を詳しく読んでいくといった方法は、皆さん自然に行っているはずです。大学入試の教材文を見てみると、うんざりするほど長く、込み入った文章がよくあります。これを冒頭から意味をとらえながら読んで行ったら、問題を解く時間などなくなってしまうことでしょう。おそらく出題者は、文章を読み解く力をもっているかどうかということに加えて、「効率よく、かつ正確に読む力を獲得しているかどうか」という評価のために、そのような問題を出題しているのかもしれません。

第1段階の読み

物語教材・説明文教材
三つの部分に分けて全体をつかむ

詩教材・伝統文化教材
作品全体からイメージをつくる

物語教材	○「物語教材の10の観点」を活用して読みの共通の土俵をつくる。 ○三つの部分に分けて全体の構成を読む。 ○中心人物の変容過程の概要を読む。
説明文教材	○「説明文教材の10の観点」を活用して読みの共通の土俵をつくる。 ○三つの部分に分けて全体の構成を読む。 ○課題・話題の内容をつかみ、書かれている内容を予測する。
詩教材 伝統文化教材	○作品全体からイメージをつくる。 ・詩教材：三つの手立てで最初のイメージをつくる。 ・伝統文化教材：音読してイメージをつくる。

第２段階の読み

細部を読む

○中心人物のこだわりを読む。
・因果関係を読む。
・中心人物の変容を読む。

○まとまりのつながりを読む。
・述べ方を読む。
・筆者の意図を読む。

○技法と効果から細部を読む。

第３段階の読み

物語教材・説明文教材
全体に戻る

詩教材・伝統文化教材
イメージを明確化する

○全体をとらえ、中心人物の変容を読む。

○文章全体をとらえ、筆者の意図を読む。

○イメージを明確化する。
・詩教材：全体を読む。
・伝統文化教材：自分と重ねて読む。

ジョニー新聞
2015年4月14日発行
3部3年

ジョニーと漢字の勉強楽しい！

ぼくは、ジョニーの漢字のじゅぎょうが大好きです。筆順にきまりがあることがわかると、たくさんの漢字の筆順を一つ一つおぼえなくても、かんたんに筆順がわかる！すごい！ジョニーは、いろんなことを知っていて、いろんなことをぼくたちに教えてくれて、まるでアナグマさんみたいです。ジョニー、おたんじょう日おめでとう！！！
雨宮龍ノ介

ぼくが知っているジョニーのこと

ひとつ
いなかで秋田犬を4ひきかっている。

ふたつ
2014年夏沖なわに4回行った

みっつ
好きなのは…アイスケーキ！！

Johnny

ジョニーおたん生日
おめでとうございます！！　河野敬長

ジョニーおたん生日
おめでとうございます
2015.4.14

私はジョニーのおかげで国語が大すきになりました。特に漢字は新しい知らない字が書けるようになるから楽しいです。音読では上手に読めた時にジョニーがほめてくれてもっともっと大すきになりました。ジョニーとさい後の年はジョニーにもっとほめてもらえるようどカしてお勉強をがんばりたいと思います。いつまでもお元気でいてください！
北畑美結

ジョニーの出身地
鹿児島県

ジョニーの出身地は鹿児島です。なので今回は鹿児島についてしらべてみることにしました。

名物ーさつまあげ・さつまいも
有名人ー西郷隆盛
火山ー桜島
温泉ー指宿
温泉（砂湯）
御山隆之介

ジョニーおたんじょうびおめでとうございます。
三部三年　福田有

第三章

これからの国語教育がめざすべきもの

1——これからの国語に求められる「説得の力」

本書で繰り返し述べられてきた「論理的な読み」や「論理的思考」とは何なのかを明らかにした上で、社会状況の変化にも触れ、「論理的な読み」や「論理的思考」の重要度は、これからますます増していくだろうと、白石先生は語ります。

さらに論を進め、論理的思考力は「説得の力」に結びつくものであり、国語の学習は「説得の力」を身につけるものでもあると展開していきます。

また、社会状況の変化は、子どもたちの学習への取り組み方にも影響するだろうと言及。教わったことを覚えるだけではなく、自分から問いを見つける取り組みも必要になるはず。ということは、教師の役割も、今後大きく変わっていくのではないかと、白石先生は予測するのでした。

そもそも、論理的な読みとはなんなのか

私はこれまで、小学校の国語教育では「論理的な読み」が必要だと述べてきました。本書でもたびたび登場しています。このことは、これからの国語教育を考えたとき、さらにその重要度が高まっていくものです。

そもそも、「論理的な読み」とはどんな読み方なのか、ここであらためて示しておきましょう。また国語の力には「読むこと」だけでなく、「書くこと」、「考えること」も含まれています。これらのことと「論理的な読み」との関係も、明らかにしていきたいと思います。

私は本書で何度か触れたように、国語の学習は読書指導とは区別しなければなりません。国語の読みは読書生活での読みとは別のものです。読書生活における読みは、読み手が自由に楽しむものです。ある物語を読んで悲しんでもおもしろがっても構いません。人間の感情は自由です。どうしておもしろいのか、どんなところがおもしろいのかといったことも気にする必要はありません。読み終わったら「あー、おもしろかった」と本を閉じるだけでいいのです。

しかし、その読書の体験を他の人と共有しようとしたときには、そういった読み方は通用しません。「おもしろかったね」「そうだね。おもしろかった」で終わったのでは読書体験を共有したことにはなりません。感想が食い違ったときには、なおのことです。どこが、どうおもしろかったのかということを伝え合ってはじめて、読書体験を共有したことになるのです。

そこで必要になってくるのが、理由であり、根拠です。「この展開の仕方がおもしろい」「この描写がすばらしいので感動する」と理由や根拠をあげながら説明することができてはじめて「おもしろい」「いや、おもしろくない」といった議論が可能になるのです。そうでなければ、ただの水掛け論に終わってしまうことでしょう。

カギになるのは、理由や根拠としてあげたものが、誰もがその物語から読み取ることができるものかどうかということです。「いや、物語の中には書かれていないが、きっとこうだろう」といったことを根拠としてあげていたのでは、相手を納得させることはできません。また、実際に書かれている記述を根拠としてあげたとしても、その記述の解釈の仕方がおかしければ、やはり納得を得ることはできません。

この、根拠をあげることのできる読みの力、根拠となる記述を正確に読むことのできる力、これらを養う読みが、国語の学習における読みなのであり、「論理的な読み」の力をつけることなのです。

ではなぜ、教育の中で論理的な読みの力を育てていくことが必要なのでしょう。物語の感想を議論できるようにするためでしょうか。もちろん、そうではありません。

私たちが社会的な生活を営み、思考を重ねていくためには、論理的な読みの力や論理的思考力がどうしても必要だからなのです。

言うまでもないことですが、社会的な生活を営むためには、さまざまなコミュニケーションをとらなければなりません。そこでは、勝手な理屈ばかりを主張していたのでは、相手の同意を得ることはできません。互いに理解できる共通の土台を踏まえた上で自分の考えを述べることが必要です。それはまさしく、論理的な読みの力、論理的思考力によって醸成されるものです。

つまり、国語の学習とは、文章に書かれていることを読み取ったり、文章を書いたりすることのトレーニングだけでなく、思考方法の訓練でもあるわけです。

今、求められる「説得の力」

論理的な読み、論理的思考は、これまでも大切でしたが、これからはさらに重要になっていきます。さまざまな社会環境の変化によってグローバル化が加速しているためです。

こういった変化に対応するために英語をはじめとする語学力の充実が求められます。

これまでの日本のように、大多数の人が同一の言語、文化をもっている社会では、日常のコミュニケーションでは根拠や理由といったものを意識する必要はほとんどありませんでした。あらためてそれらを確認しなくても、共有化できていたからです。

しかし、グローバル化が進んだ社会では、それは期待できません。文化や価値観の違う人々と社会生活を営み、コミュニケーションをとっていくためには、自分が伝えたいことを論理的に述べ、相手が言っていることを論理的に聞くことが必要です。

その力を養っていくのが、国語なのです。

近年、プレゼンテーション能力の重要性が増してきています。自分の考えを相手に伝える力です。私はプレゼンテーションで大切なことは、いかに論理的に説明することができるかだと思っています。「なるほど、だからそうなんだ」と納得させることができなければ、相手には伝わらないからです。

私は、こういったこと全体をまとめて、「説得の力」と表現しています。

会話は小さな説得の繰り返しです。説明文はもちろんですが、物語も説得の文章です。作者は、自分が描いた世界を読者に受け入れてもらい、主題に共感してもらおうとします。

詩ですらも説得の文章です。工藤直子さんの「ねがいごと」という詩があります。この詩では、「会いたくて」と一回言うだけではありません。二回でもありません。「会いたくて　会いたくて　会いたくて　会いたくて」と四回繰り返すことによって、読者は「会いたい」という気持ちの強さを説得されるのです。詩の技法とは、説得の技法でもあるのです。

さらに、文章を読んで理解するということは、その文章の筆者に代わって、自分が自分自身を説得することでもあります。その文章を論理的に読み、こういった根拠でこの結論を述べているんだと、自分を納得させることなのです。

授業も説得の場です。一方的に教えただけでは身につきません。子どもたちが、「なるほどそ

うなのか」という納得がなければ、子どもたちはその授業の内容を身につけることはないでしょう。何だかよくわからないことを先生が言っていたけど…。中身には興味がもてなかった、でおしまいです。

私が繰り返し、イメージと感覚だけの国語の授業を否定的にとらえているのも、結局はその授業に「説得」がないからです。あるのは教師がもったイメージと感覚の押しつけでしかありません。そんな授業を繰り返していたのでは、これからのグローバル化が進む社会で生きていくための力を子どもたちにつけさせることができないばかりか、「国語という授業に何の意味があるのか」といった「国語不要論」さえも出てきてしまうのではないかと、密かに心配しているのです。

子どもたちに、どうやって問いをもたせるか

今、アクティブ・ラーニングが注目されています。子どもたちが自ら学んでいくという授業方法です。最近になって話題になっていますが、実は戦後すぐのころから言われていることでもあります。それほど新しい理論ではないのです。

問題解決学習は、まず子どもたちに問いをもたせます。この問いを解くために思考を重ねたり、意見を交換したりしながら解決していくわけですから、まさにアクティブ・ラーニングと問題解決学習とは、ほぼ同義と言えるかもしれません。そういった意味では、国語の授業にアクティブ・ラーニングを取り入れることには、ある程度期待をしていいように思います。

ただし、懸念もあります。子どもたちの「やらされ感」の強い授業になってしまわないだろうか……ということです。

言語活動が大幅に取り入れられたときもそうでした。子どもたちの「思考力」「表現力」「判断力」を育てることが大切だとされ、紙芝居やペープサート、図鑑づくりなどの活動が取り入れら

れました。これらの活動が教材や授業とマッチングしたものであればいいのですが、やがて「活動ありき」のケースも見られるようになってしまいました。

こうなってしまうと子どもたちは、どうしてその活動を行うのかがわかりません。紙芝居をつくる活動であれば、紙芝居が完成したところでおしまいです。

本来であれば、紙芝居づくりは、物語の「場面」を意識させるには最適の活動です。ですから、例えば「かさこじぞう」の学習の早い段階で紙芝居づくりを行えば、「紙は何枚必要？」といった問いから、場面を意識させ、場面はどうやって分けるのか、「かさこじぞう」はいくつの場面で構成されているのか――といった問いをもたせ、それを解決したいという意欲をもって授業に取り組むことができるのです。

このような授業を行うためには、子どもたち自身の中に「解決したい」という動機が必要です。教師が一方的に与えたものでは、十分な動機とはなりません。

時々、「子どもたちから生まれる自由な問いを尊重したい」という意見を聞くことがありますが、教師からのはたらき掛けがまったくないままに、子どもたちが問いをもつことはほとんどありません。仮にあったとしても、授業のねらいとは大きく離れたものであることが多く、かえって混乱の原因となってしまいます。もし「子どもたちから生まれる自由な問い」を中心に授業を行っていこうとするならば、それは授業に対する教師の論理的思考を失った、まさにイメージと感覚の授業になってしまうことでしょう。

課題解決学習のために教師が行うことは、子どもたちの思考にズレを生じさせることです。

「どちらが生たまごでしょう」という説明文があります。

この説明文は、文章全体のうちのかなりの部分を使って、生たまごとゆでたまごを見分ける実験方法について説明しています。しかし、この説明文の筆者の主張の中心は、たまごの中身を守るための仕組みが巧妙であることなのです。子どもたちにこのことを気づかせるにはちょっと工夫が必要です。子どもたちはどうしても、生たまごとゆでたまごを見分ける実験に目がいってしまうからです。

そこで私は、板書の最初、教材文の題名を書くときに「どちらがゆでたまごでしょう」と書いたのです。すぐに子どもたちから指摘が入りますが、「生たまごとゆでたまごの見分け方が書いてあるんだから、題名はどちらでもいいんじゃない？」ともち掛けます。その時点では子どもたちもその説明文での筆者の主張はたまごの見分け方だと思っていますから、私の屁理屈に反論できません。しかし、「なんか変だな、やっぱり題名は『生たまご』じゃなくちゃいけないはずなのに」という意識ももちます。これがズレです。このズレから「どうして題名は『生たまご』でなくてはいけないのか？」という問いが、子どもたちの中に生まれます。実際に子どもの口から出てこないで教師からの発問になってしまったとしても、同様の疑問が子どもたちの中に生まれているので、「子どもたち自身から生まれた問い」と同じだと考えていいでしょう。

ズレには、ここであげたもの以外にもさまざまなものがあります。子ども同士の意見の食い違いは代表的なズレです。今までの思い込みと新しく得た知識のズレ、まったく知らなかったことと意外な真実とのズレなど、さまざまなズレがあります。

教師が、子どもたちの中にこういったズレを生じさせることで、授業のねらいに沿った問いを子どもたちにもたせることができるのです。

教師の役割も変わっていく

アクティブ・ラーニングに話を戻しましょう。

「やらされ学習」をいかに減らしていくかが、これからの日本の教育の行方に大きく関わってくると考えています。

ここまで述べてきたように、やらされて取り組んだのでは、学習との結びつきは希薄なものになってしまいます。また、自分の中に明確な目的がないため、学習後の達成感も小さなものに終わってしまいますから、次への意欲もわきません。指示されたことをその通りにやればいいという発想に結びついてしまいがちです。後ほど詳しく述べますが、こういったところが、全国学力・学習状況調査の「B問題」が解けないという実態に結びついているのです。

授業に必要なのは、「知的なおもしろさ」です。子どもたちが、自分たちで設定した問い、しかも、教材文によって毎回変わる問いを、それまで自分たちが身につけたツールを使い、仲間たちと議論しながら解決していく。そして最後には、「なるほどそうだったのか」という、論理的思考での納得を得ることができる……これが授業の知的なおもしろさです。

問題解決の道のりが険しいほど、知的なおもしろさは大きくなります。そして、またそれを体験したいという思いにつながります。これが、次の授業、次の教材への意欲になるのです。

こっけいなおもしろさ、ゆかいなおもしろさも時には必要ですが、それらはそのひとときが過ぎてしまえば蒸発してしまいます。

これからは、教師に言われたことを覚えた知識だけでは立ちいかない時代になっていきます。教育のあらゆる場面で、「思考力」「表現力」「判断力」が強く求められるようになってきていることがその証しです。そこで求められるのが、自ら学びに取り組んでいこうとする意欲と、取り組む方法を子どもたちが身につけていることです。

教師の役割も、少しずつ変化していくことでしょう。これまでのようなイメージと感覚の授業が通用しなくなるのはもちろんですが、知識を教えることができても、それだけでは不十分だとされるようになるのではないでしょうか。自ら取り組んでいける子どもを育てることも、教師の大切な使命になっていくように思います。

国語の冒険ノート

・根拠をあげることのできる読みの力、根拠となる記述を正確に読むことのできる力、これらを養う読みが、国語の学習における読みなのであり、「論理的な読み」の力をつけることである。

- 授業も「説得の場」。「なるほどそうなのか」という納得がなければ授業内容は身につかない。
- 授業に必要なのは、「知的なおもしろさ」である。

2――「B問題」の問題

毎年話題になる、全国学力・学習状況調査の「B問題」。その対策方法について全国の先生方から相談を受けることも多いと、白石先生はことを明かします。

その上で、「B問題のいったいどこが特殊な問題なのだ。日頃の国語の授業で身につけた力で解くことができるはずではないか」と嘆きます。

多くの先生方がB問題を「難問」ととらえることについて白石先生は、「初めて見る問題形式だから、解いたことがない、難しい」と思い込んでしまうのだろうと推察します。

　さらに、国語の場合、そもそも問題文そのものが、解き方を説明しているので、落ち着いて、普段の説明文を学習しているときと同じ読み方をすれば、B問題は解けるはずだと白石先生は語ります。

「B問題」は、本当に特別？

最後にこの話題を取り上げることには、実は忸怩《じくじ》たる思いがあります。

全国学力・学習状況調査の「B問題」に関してです。

多くの先生方から、「B問題の対策はどうしたらいいのですか」「あんな特別な問題を解けるようにするには、どんな指導をしたらいいのですか」などと相談を受けます。出版社から「B問題対策の教材や本はつくれないか」という打診をいただいたこともあります。

しかし、私に言わせれば、「B問題」は特殊な問題ではまったくありません。日頃の国語の学習をしっかり行っていれば、何も恐れる必要のない問題なのです。

とはいえ、調査の結果を見てみると、皆さんがB問題で苦労されているというのもまた事実です。どうしてそのような状況になっているのでしょうか。

蒸し返すようですが、そこには「教材『を』教える授業」の影響があるように思います。

ある教材の授業を行うとき、その教材でしか通用しない学習になってしまってはいないでしょうか。「イメージと感覚の授業」や、「なぞる授業」にはなっていなかったとしても、そこで学んだ力をほかの教材でも使うことを想定した授業になっていないのではないか……そんな気がしてならないのです。

B問題は難しい……というイメージは、おそらく、「今までに見たことない問題形式だから」という部分が大きいように思います。確かに国語だけでなく算数も含めて、B問題には、教科書などでは普段あまり見ない形式の問題が出題されます。

それが算数であるのなら、今まで見たことのない形式の問題に出会ったときに苦戦するのもわかります。なぜなら、「解き方」そのものが今までに経験したことのないものであるため、それを考え、見つけるのに苦労するからです。「わからない！」とさじを投げてしまう子どもがいるのも仕方ないような気がします。（こんなことを言うと、算数の先生に怒られてしまいそうですが。）

しかし国語はどうでしょう。新しい形式の問題だとはいっても、問題文はわかりやすい日本語で書いてあるわけですし、特別な知識がないと解けない問題だというわけでもありません。国語の問題の場合は、ある意味、問題文そのものが「解き方・答え方」を指示してくれているわけですから、落ち着いて取り組んでいけば、大丈夫なはずなのです。

「B問題」恐るるに足らず

もしかしたら、「B問題は難しい」と思っていらっしゃる先生は、「今まで出会ったことがない問題だから難しい」と思い込んでいるのではないでしょうか。あるいは、先生ご自身が解いたことのない問題だから、解き方がわからない、教え方もわからない……と思ってしまっているのではないでしょうか。

そうだとしたら、ぜひ一度、落ち着いてB問題に取り組んでみてください。厄介だと思われがちな記述式の問題でも、どんな要素を入れて、何を答えればいいのか、問題文にしっかりと書いてあります。例えば「次の文を読んで、○○について、二つの条件をあげて説明しなさい」といった問題ならば、その「次の文」には、取り上げるべきものがちゃんと二つ書いてあるのです。要するに、問題文をきちんと読み取り、理解することができるかどうかが、問われているわけです。

そこで必要なのは、まさに「論理的な読み」だと言えるのではないでしょうか。

日頃の授業で、初めて出会った文章でも、落ち着いて論理的に読み解いていく習慣ができていれば、「B問題」のために特別な対策を行う必要はないはずです。

それでもどうしても、ということであれば、説明文の学習が役に立つかもしれません。文章の中に「○○は二つあります」といった記述があれば、その二つがどこにあるかをしっかりおさえる、事実、意見、想像をきちんと区別しながら読む、根拠・理由と結果・結論をしっかり読み取る——といったことを積み重ねていけば大丈夫です。

もちろんこれは、これまでの国語の学習の中でも行われてきたことです。

イメージと感覚の授業を脱し、何「を」教えるのかを意識した授業を行っていけば、特別の対策など行わなくても、子どもたちの国語の力は伸びていくはずです。

国語の冒険ノート

● 全国学力・学習状況調査の「B問題」は、特別な問題ではない。日頃の国語の学習をしっかり行っていれば、何も恐れる必要はない。

● 「今まで出会ったことがない問題だから難

しい」と思い込んでいるのではないか？　問題文そのものが「解き方・答え方」を指示してくれていることを知ろう。

●日頃の授業で、初めて出会った文章でも、落ち着いて論理的に読み解いていく習慣ができていれば、「B問題」のために特別な対策を行う必要はない。

「担任が終わる」という気持ち

自分のクラスの子どもを鍛えるのが一番の目的でした。

■■　白石先生は今年の三月いっぱいで、筑波大学附属小学校を定年退職されるわけですが、今、どんなお気持ちですか？

白石　私はずっと現場の人間でしたからね。現場で子どもたちを相手に自分の国語教育を行ってきた。私のクラスの子どもを鍛えるということが、いちばんの目的だったんです。それが結果的に、さまざまなご縁もあって、皆さんに本を読んでいただいたり、話を聞いていただいたりしてきたわけですが、正直に言って、いちばん考えているのは、目の前にいる子どもたちのことなんです。「ここまでできるようになっているから、もうひと段階上げてあげようかな」とか、「ここはできていないな。じゃあ、もう一回やろうか」とか、そういった実践を大切にしてきましたし、これからも大切にしていきたいのです。

人生の目標は、私自身が考える国語の授業をやっていくこと。

■と言っても、今までのように毎日教壇に立たれるということはなくなるわけですよね。

白石　そうですね。でも、私の人生の目標は、私自身が私の考える国語の授業をやっていくということなんです。だから、さまざまな機会に、教壇に立たせてもらい、子どもたちに教えるということは、これからもやっていこうと思っています。当然それは、今までやってきたのと同じようにはできません。その子どもたちと一緒に過ごす一時間なり二時間という限られた時間の勝負になってきます。ただ、その時間の中で、子どもたちに「今日はこれを学んだ」と実感

方法を明確にすれば、子どもはできるんです。

終わりだなと思ったときに初めて、担任をもてるすばらしさを感じました。

できるものを、しっかり定着させようと思います。何を定着させるのかといえば、それは、ほかの教材に使える力です。子どもたちに「この間勉強した、あのことを使えば、この教材ではこうだよね。」ということができる力をつけさせたいのです。

先日も飛び込み授業で、俳句のつくり方をやりました。そこでは、とにかく「同じ音数の言葉を入れ替える」ということだけを教えました。子どもたちは自分でつくった作品を、さらによくすることができるんです。子どもたちは、感動したり、心をゆさぶられたりするような経験はあるんです。それを表現したい、伝えたいという思いもある。ただ、それを表現するツールをもっていないのです。だからそのツール、方法を明確にしてあげれば、子どもたちは「つくってみたい」と思うことができるんです。そういったことを教え続けていきたいなぁと。

白石先生は今までずっと、担任をもってきたわけですよね。それがなくなるって、どんなお気持ちなんですか？

白石　ああ、これで担任も終わりだなと思ったときに、初めて担任をもつことができる素晴らしさ、喜びに気づいたんですよ。正直に言って、今までは「ああ、来年も、再来年も担任をもたなければならない。しんどいなぁ」と思うこともありましたが、担任をもつことができる喜びに、気づかなかったんですね。

先日、学校で運動会がありました。私の在職中最後の運動会だったんですが、見事うちのクラスが優勝することができました。終わって、「これで終わりだ。もう来年はやらなくてもいいんだ」と思いほっとしたんですけど、ほかの先生方が「来年はこうしよう、もっとこうやらなくちゃいけない」などと話しているのを見て、寂しさも感じるんですよね。

今まで苦労と感じていたけれど、無意識のうちに、その中に子どもたちの変容も感じていた。それがなくなる……。

教室がなくなる。目の前の子どもたちがいなくなる……。それらが当たり前にあった今までのことを考えると、苦労も多かったし、面倒だなと思うことさえありました。それは正直なところ。でも、なくなるんだなと思ったとたん、大きなショックを受けました。そして、よし、残りはしっかりやるぞと強く思っているんです。

「観点」をもつことで作品をまるごととらえることが可能に

「観点」をうめることが「読み」ではない

教材分析を行うとき、あるいは「3段階の読み」の第1段階で全体をとらえる読みを行うとき、ただ漫然と読んでいたのでは、作品をとらえることはできません。作品を読む上での目のつけどころ、つまり「観点」をもって読んでいくことが大切です。

私はその観点の例として、「物語の10の観点」「説明文の10の観点」「詩の5の観点」をまとめました。こういった点を念頭に置きながら読んでいくと、作品をとらえやすくなりますよ……という趣旨のものです。

ところが大変残念なことに、その趣旨が誤解されてしまっているケースがあることがわかってきました。例えば、「物語を読むとは、『物語の10の観点』の項目を一つずつ拾っていくことだ。『物語の10の観点』をすべてうめることが、物語の読みなのだ」といった考え方です。

もちろんこれは誤解です。機械的に10の観点をうめていく読み方は、場面読みにもつながるもので、物語全体をとらえることはできません。作品によっては、うめられない項目だってあるはずです。

「物語の10の観点」とは、物語を読んでいくときの、目のつけどころです。この10項目を気にしながら読んでいくと、その作品の特徴が見えてくるのです。それが、設定のおもしろさであったり、思わぬ伏線であったりします。その特徴が見えたら、そこを軸に読みを深めていくのです。

そういった意味で、「物語の10の観点」「説明文の10の観点」「詩の5の観点」は、絶対的なもの、決定的なものではありません。私自身、日々少しずつ見直して、より使いやすいものに改良しています。次のページに、現段階での私の考える観点を示しますが、皆さんもこれを参考に、ご自身の観点をつくってみてください。

物語の10の観点

①	設定・題名	時、場所、季節、時代　など。
②	人物	登場人物、中心人物、対人物、語り手　など。
③	出来事・事件	物語の中で起きたこと。いくつかの事件がつながって物語となる。中心人物の変容につながる。
④	中心人物の変容	中心人物の心情の変化。
⑤	文章構成	三つに分けられるものが多いが、二つの場合もある。
⑥	因果関係	中心人物の変容や事件の原因となるつながり。
⑦	お話の図・人物関係図	物語の出来事や伏線、因果関係、登場人物相互の関係などを図に表したもの。
⑧	繰り返し	物語の中で繰り返され、強調されていること。
⑨	中心人物のこだわり	物語の中で中心人物がこだわっていること。物語の主題につながる。
⑩	一文で書く	中心人物が、どんな事件・出来事によって、どう変容するかを一文で表したもの。

説明文の10の観点

①	題名・題材・話題	筆者が自分の主張を述べるためのキーワードとなる。
②	段落	形式段落、意味段落、形式段落の主語　など。
③	要点	形式段落の中で筆者が述べようとしている主要な内容。
④	事例	説明文で述べられている具体と抽象のうち、具体の部分。
⑤	問いと答え	説明文には、読み手を引きつけるために筆者が書こうとする内容を疑問の形で表した「問い」と、それに対する「答え」の段落がある。筆者の主張につながる。
⑥	文章構成図	段落相互の関係を図に表したもの。具体と抽象の関係などがつかめる。
⑦	文章構成	頭括型、尾括型、双括型に分類できる。
⑧	要約	文章全体のあらまし。
⑨	繰り返し	繰り返されることで、筆者のこだわりが表れる。
⑩	比較しているもの・こと	比較からわかることが筆者の主張につながる。

詩の5の観点

①	題(名)	その詩の内容をいちばん端的に表しているものが多い。
②	リズム	五七調や七五調のように、音数の配列によって生じる調子。
③	中心語・文、繰り返し	詩の中の核になる言葉。
④	語り手	詩の作品世界の案内人。詩人のメッセージにつながる。
⑤	技法と効果	リフレイン、擬態語、擬声語などの技法を用いることによって効果を生む。

見えなかった伏線や構成のおもしろさを「逆思考の読み」でとらえる

きっかけは数学の問題集

私が文章の読み方のヒントを最初につかんだのは、実は国語の授業ではありません。高校時代に苦労した、数学の問題集なのです。

今でもそうなのですが、私は数学が苦手です。高校時代にも数学では相当苦労しました。授業ではきちんと聞いているつもりなのですが、いざ問題集を開いてみると、まったく歯が立ちません。どこからどう考えていけばいいのか、見当もつかないのです。

そこで私が編み出した方法が、先に解答を見てしまおうというものです。ズルをするわけではありません。先に解答を見て、どうしてこういう答えになるのかをさかのぼりながらたどっていくのです。

この方法は、思った以上に役に立ちました。先に解答や解説を見るのでも、問題の解き方を正規の順に追っていこうとすると、例えばある操作がどうして必要なのかがわからず、途中で放り出したくなってしまいます。しかし、最終形がわかっていてさかのぼると、式や数の処理がどうして必要なのかがわかりやすいのです。

数学自体は苦手なままでしたが、数学的な考え方は結構身についたと思います。

国語の教師になって私は、この「結論からさかのぼる読み」が、物語の読みなどにも応用できることに気づきました。物語の結末から、「どうしてそうなったのか」という視点でさかのぼっていく読み方です。私はそれを「逆思考の読み」と名づけました。

実際に「逆思考の読み」で読んでみると、それまで見逃していた伏線が見え、作者が描きたかったことがより鮮明に見えてくることがあります。

例えば「かさこじぞう」。逆思考の読みで読んでいくと、じいさまがつくったかさの数が五つであったことに大きな意味があることが見えてきます。じいさまが自分の手ぬぐいまでじぞうさまにかぶせることになったのは、かさの数がじぞうさまの数よりも一つ少な

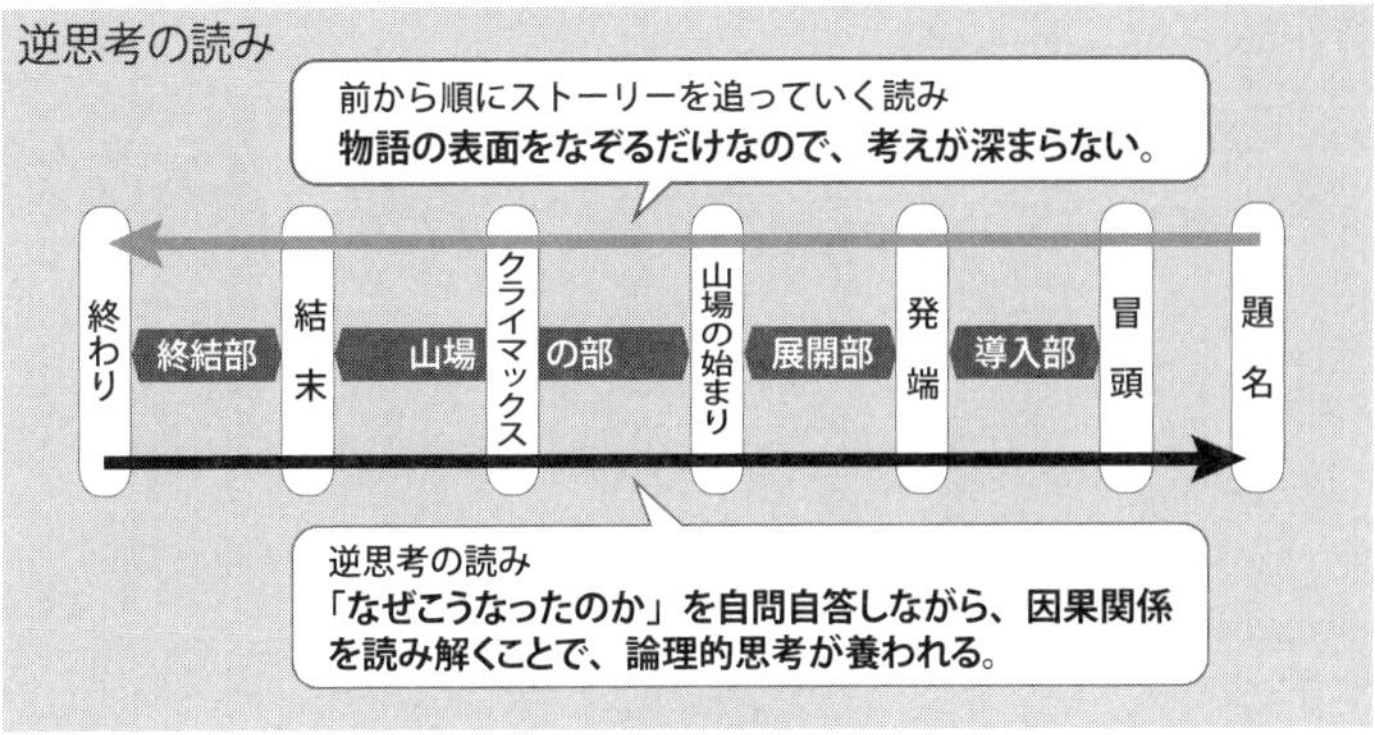

かったからです。そして、自分の手ぬぐいをかぶせるというエピソードが加わることによって、じいさまの心のやさしさが、より強く描かれているのです。

一般の読書生活から考えれば、結末からさかのぼっていく読み方は邪道かもしれません。しかし、書かれていることをよりしっかりとらえるための思考訓練でもある国語の学習においては、こんな読み方もあっていいように思います。そして、逆思考の読みによって物語の伏線や、構成のおもしろさを知ることができれば、ひいてはそれが自分の読書生活を豊かにすることにつながるのではないでしょうか。

特別コラム

あえて白石範孝の弱点を指摘する

田島亮一（晃華学園小学校 校長）

若き教育研究員の日々

白石先生とは、昭和六十二年度東京都国語科教育研究員として、東京都の各地区から推薦され、千代田区立番町小学校で出会った。共に三十二歳という若さだったが、白石先生は、明らかに私とは違っていた。それは、卓越した国語人としての能力だった。研究員は、全員で三十五名以上存在したが、これ程輝いた存在の研究員は周りを見ても見当たらなかった。研究員世話人という立場、皆の前で語る説得力ある語り口、卓越した板書力、人を引きつける人柄、どれも最年少の教育研究員とは、思えなかった。一方、私も最年少の教育研究員だったが、夏の御岳合宿は、長男の水疱瘡がうつり、あえなく欠席。東京都教育研究員の中、病気で御岳合宿を欠席した研究員は、前代未聞。今でも語り草になっている始末である。

白石先生がさらに変わられたのは、筑波大学附属小学校に異動されてからだと推察する。筑波大学附属小学校というところは、一般的な学校の感覚とは違った別世界の学校である。全国の学校に最先端の教育実践を提案する学校である。そのためには、研究活動に教職員全員が一丸となって奮闘する。と同時に、一人ひとりの教師はライバルでもある。実力のない者は去るしかないという厳しい世界でもある。六月と二月の研究発表会に参加するとわかる。参観者のいない授業と参加者が溢れかえっている授業との差が、歴然としている。教室の前を通る児童たちさえも、「白石先生の授業はさすがだね。」とひそひそ声で語る。そのような厳しい競争の社会の中で、白石先生は、苦労されながら、孤軍奮闘しながらご自身なりの実践理論を創り上げてきたのだから凄いと思う。敬意を改めて表したい。

以上の出会いの中で、今回あえて白石先生の弱点をあげろという無理難題を押しつけられたわけだが、たいへん困惑しているというのが正直なところである。白石先生の弱点をあげるというほど、自分自身が力ある立場ではないし、実践があるわけでもない。ただ、私だからこそ語れる部分もあるのではないかと思い込んで依頼されたのだろうが、そう簡単なことではない。しかし、若干日ごろ感じていることをあえて語らせていただくことで、お許し願いたい。白石先生、ごめんなさい。最初に謝っておきます。

イメージと感覚を馬鹿にしちゃいけないよ

まず、白石国語は、教材の論理を重視する。教材の論理こそ、授業づくりの軸であると主張される。私は、この主張に大賛成である。教材には、書き手の論理が隠され、その隠された論理に従い、文章を論理的に表現されているからである。今までのイメージと感覚の国語から、論理的な読みを重視する国語への転換を主張されているのである。

白石先生と懇親会で呑みながら互いの授業観について話すときがある。そのとき、必ず「田島の国語は、だいたいイメージと感覚の国語なんだよな」と怒られる。――失礼。ご指導をいただく。その時、私は自分の国語実践を振り返りながら確かにそうだなと反省することもある。確かに、若き頃の教育研究員時代、月例会の授業「どろんこ祭り」では、子どもの第一次感想を使って学習課題を立てて、気持ち悪くなるくらい「気持ちやイメージの読み取り」をしていた。

人のせいにしたくはないが、実は、ある先生から、「文学には、なぜとか、どうしてという学習課題はだめだよ。」と言われていたのである。つまり、論理的に読むことは、ご法度だったのだ。少し言い訳じみた言葉になったが、想像することこそ文学作品を読むための価値だという考え方が強かった。

しかし、時々思うことがある。「そのイメージと感覚をつくり上げているのも、教材の論理なんだろう。イメージと感覚を馬鹿にしちゃいけないよ」と。「イメージからでも、教材の論理をひも解くことができるのでは？」といつもそう思っている。だから、イメージと感覚を大切にする授業があっていいのではないかと。

だから私は、白石先生にも、もう少しイメージと感覚を大切にした指導にも触れてほしいなあと思っている。おこがましい話であるが、あえて「弱点」を取り上げると言うなら、この点にあると思う。

例えば、「ごんぎつね」を読んで、その人物像を「○○○なごん」という形式で表現させる。すると、「やさしいごん」とか、「かわいそうなごん」というイメージ表現が必ず出てくる。「この読みは、間違っている」「この読みのイメージは、浅い」と多くの教師は語るだろう。確かに、この子どもたちの反応は、読みのレベルから言うと、表面上の論理からのイメージや感覚なのだろう。

しかし、このイメージは、教材の論理から生まれている。例えば、「やさしいごん」とイメージした子どもは、ごんのつぐないの行為の文脈を「やさしい」ととらえたのだろう。そのつぐないの行為の文脈に目を向けさせることができる。そして、その文脈から新たな解釈を発見させることができるはずだ。

また、「かわいそうなごん」とイメージした子どもたちは、ごんのつぐないの行為が報われないという文脈を「かわいそう」と、または、ごんが撃たれたしまったという現実をとらえて「かわいそう」とイメージしているのだろう。この「かわいそう」というイメージも、ごんのつぐないの行為が報われないという文脈の論理から生まれてくる。

イメージと教材の論理とは、相反するものではないと思う。それぞれの学びの読みを支え合うものであって、そのイメージを大切にすることで、教材の論理をひも解くことができるものと考える。今までの国語教育が、確かに「みんなちがって、みんないい」方式の国語教育が主流であって、あいまいな国語教育に偏りすぎた感がぬぐえない。しかし、その良さも受け入れつつ論理的な読みの指導を語る必要もあると思うが、いかがだろうか。

教材と子どもの論理とを重ね合わせるような実践を期待したい

さらに、子ども一人ひとりの読みにも論理がある。それは、もしかしたら、教材の論理だけではないかもしれない。それは、感動する読み手側の論理である。作品に感動するその子の論理は、教材の論理を拠り所にしているとは限らない。作品の一部を取り上げて中心人物の言葉に感動していたり、自分の生活経験と比べて感動していたり、自分の読書経験と比べて感動していたりするかもしれない。形象と呼ばれる作品の主題という論理に心を動かされているのかもしれない。そのような感動の論理は、確かに一人ひとり違っているのだろう。

それを解き明かすことは、「国語の読みではない」と主張しきれるものだろうか。では、ばらばらでよいかというものでもない。子どものイメージや感動を出発点として、教材の論理と子どもの論理とをクロスオーバーしていく作業が大切になる。

例えば、「モチモチの木」では、豆太の勇敢な行動に感動する。自分の経験と照らし合わせ、「もし自分が豆太だったら、医者さまを呼びに行けただろうか」と自問自答する。まさしくモチモチの木に火が灯る光景と勇気ある豆太像と「もし自分だったら」という自問自答とを重ねる読みである。これは、中心的な問いの原点は、豆太の勇敢な行動に感動したという原点である。そして、その次に必要なのは、原点をもとに教材の論理と子どもの論理とをクロスオーバーしていく作業である。つまり、その感動した豆太の勇敢な行動の論理を読む子どもを裏切る一文である。それは、最後の一文に「それでも、豆太は、じさまがげんきになると、そのばんから、『じさまぁ』と、しょんべんにじさまを起こしたとさ。」とある。結局のところ、「豆太は臆病で、甘えっ子なのだ」というがっかりとした感動を裏切る結論にたどりつく。

しかし、ここで、次のような問いが生まれる。「それでは、もともと臆病だった豆太が、どうして医者様を呼びにあの暗い山道を駆け出すことができたのだろうか」という教材の論理を追究する問いである。その時に、「豆太は、じさまが大好きだったから」や「じさまは、豆太がかわいかったから」の論理が生まれてくる。その想定された論理をもとに、その根拠となる叙述を探すために、教材を戻りながら読み返す。そのことで、子どもは、豆太とじさまの愛情ある関わりを教材の中から探し出す。と同時に、「人間、やさしささえあれば、やらなきゃならねえことは、キッとやるもんだ。」という作者の結論にたどりつく。その姿こそ、教材の論理と子どもの論理とをクロスオーバーしていく読みなのだと考える。

あえて、私が白石国語の弱点を言うというより、偉そうで申し訳ないが、今後白石先生にさらに期待したいことを一つ言わせていただけるとしたら、次のようなことであろう。それは、ぜひ、子どものイメージや感動を出発点とした教材の論理をひも解き、教材と子どもの論理とを重ね合わせるような実践を期待したいと考える。白石先生、ごめんなさい。

終章

そして国語は冒険の旅へ

さて、最後に「国語の冒険」という本書の題名について触れようと思います。

これまで述べてきたように、小学校の国語教育はこれまで、決していい状況ではなかった――と、私は考えています。

何を教えるのか。

どう教えるのか。

そもそも国語は何のための教科なのか……。

これらが明確にされないまま過ぎた年月は、教える教師の側にとっても、教わる子どもたちにとっても、幸せな時間とは言えなかったのではないでしょうか。


教師生活三十八年の間、私もあちらにぶつかり、こちらにぶつかりしながら、国語教育の道を歩んできました。いったいどこに向かっているのか不安になることもありました。また、先人や先輩たちが灯してくれた道しるべを頼りに、時には険しい山道を歩み、道なき道を踏み越えなければならないこともありました。

まさに冒険の連続でした。

特に国語教育との取り組みが充実し最も長い時間を過ごした筑波大学附属小学校での二十六年間は、国語の授業づくりに取り組み、さまざまな方向を模索し悩んできた期間でした。

この国語教育に本格的に取り組むスタートのとき、私は次のような壮大な夢を抱いていたのです。

国語教育は「生涯国語人を育てる」ことをめざしたい。まさに読むこと・書くこと・話すことを生涯にわたって楽しめる人間をめざしている。その人間像を次のように考えている。

「生涯読書人」……生涯にわたって読むことを楽しめる人間
「生涯記述人」……生涯にわたって書くことを楽しめる人間
「生涯対話人」……生涯にわたって対話することを楽しめる人間

これらの活動を日々の生活の中で積極的に取り入れて楽しむことができる人間を「生涯国語人」と考えている。

生涯にわたって国語を楽しむ「生涯国語人」をめざす授業づくりの第一歩は、「他へ転移できる力としての国語の力の育成」でした。

さまざまな場において、「読む」「書く」「対話する」ことを楽しむためには、それなりの知識や技術が必要になります。そのために他へ転移させるためのもの＝技術が必要と考え「用語」「方法」「原理・原則」の習得を目指した授業づくりに取り組んできました。この中で、物語や説明文の「読みの10の観点」や、詩の「読みの5の観点」を提案してきたのです。

次に、「用語」「方法」「原理・原則」を活用し思考する国語授業の方法として、『考える』国語の授業づくり」に取り組みました。

読む・書く・対話する活動の中で「用語」「方法」「原理・原則」を土台として、論理的に「考える」思考活動を位置づけた国語の授業づくりを提案してきたのです。

さらに、この授業づくりにおいては「逆思考の読み」の方法を提案しました。この読みは、文章や作品を論理的に読み解くための方法で、作品の結末や説明文における筆者の主張を読みのスタートとしてその原因を読んでいく方法です。結末や主張という終わりから作品や文章のはじめの部分へと因果関係をさかのぼって読んでいく方法でした。

また、「用語」「方法」「原理・原則」を土台として、文章や作品を論理的に読んでいく方法として『3段階で読む』授業づくり」を行ってきました。この指導は、第1段階で読みの方向を持ち、第2段階では「用語」「方法」「原理・原則」を活用した論理的思考によって読んでいく場を設定する。そして、第3段階では、これまでの学習を生かした活動をする――という、一連の学習過程の提案です。

そして今、『問題解決学習の授業づくり』に取り組んでいます。

生涯にわたって読むこと・書くこと・対話することを楽しむことができるようにするためには、「用語」「方法」「原理・原則」を活用して、子ども自身が自分で課題をもち、その課題を自分なりに解決していく力が必要です。

子どもが自分自身の「問い」を自分で解決できる力こそ、生涯にわたって国語を楽しむ姿ではないかと考えているのです。

さまざまな出来事がありましたが、大好きな国語にこのような冒険を通して、楽しく取り組んでこれたことをとても幸せに思います。

また、この「国語の冒険」を通して多くの人と出会ってきました。

沖縄の「ちゅらぴさ会」、鹿児島の「黒ぢょかの会」、山口の「ことまなの会」、広島の「広島国語の会」、島根の「月山国語の会」、大阪の「国理算（こっくりさん）の会」、東京の「千尋の会」、そして北は北海道から南は石垣島まで……本当に多くの先生方や子どもたちと出会ってきました。このような人との出会いが私を元気にさせてくれました。この出会いがなかったら、きっとこの「国語の冒険」はできなかったと思います。出会った多くの方々に感謝申し上げます。

こんな出会いの冒険から、今、先生方の国語の指導の方法、国語教育に対する意識が変わってきたことを感じます。気づくと孤独な冒険は終わり、多くの仲間たちが一緒に歩んでくれるようになっていました。

心強い旅になっていました。

それでも、この旅が平穏になったわけではありません。「生涯国語人」の育成をめざしていく

ために は、解決しなければならない問題点や課題は、目の前に山積し続けています。

その一つが、これまでの冒険で最も大切にしてきた「用語」「方法」「原理・原則」の中で、まだまとめきれていない「原理・原則」です。しかしこれも、仲間たちの協力のおかげで、次第にその姿が見えてきました。皆さんにご覧いただける日もそう遠くはないと思います。もうちょっとだけ、お待ちください。

この春、私は筑波大学附属小学校を定年退職いたします。

しかし、これで私の冒険の旅が終わるわけではありません。私には、まだまだ行ってみたいところや、やらなくてはならないことが、まだまだあるからです。

最後になりましたが、本書の企画や出版をしてくださいました文溪堂の岸様、佐竹様、そして装文社の金子様にお礼を申し上げます。

平成二十八年三月

筑波大学附属小学校
白石　範孝

ジョニーと最高の仲間達

鈴木 美桜

三部三年の合言葉は「ニコニコマーク」だ。教室の後ろのかべには、クラス全員がそれぞれ描いた笑顔いっぱいのニコニコマークがはってある。

この三年間は、ジョニーと三部のみんなとの思い出でいっぱいだ。

ジョニーとの毎朝のハイタッチから始まり、授業では説明文や物語の読み方などたくさんの事を学んだ。絵を描くこと、字を書く事が大好きになった。上手に絵や字が書けると心の中でニコニコマークが広がる。

友達といると、とにかく学校が楽しい。友達ががんばっていると、私も負けずにがんばろうと思う。私がつらい時は、友達がはげましてくれる。友達がつらい時は、声をかけて一緒にいてあげる。すると、心が温かくなって笑顔になる。どんな時もどんな事も友達と協力してがんばることができた。清里合宿や運動会などの行事では、仲間の力はすごいことを学んだ。

私には宝物ができた。それは、たくさんの友達だ。

ジョニーと三部三年の仲間ありがとう！私はこれから先もずっとニコニコ笑顔でい続けるためにど力することを宣言する。

白石《しらいし》 範孝《のりたか》

1955年鹿児島県生まれ。

東京都の小学校教諭を経て、1990年から筑波大学附属小学校教諭。現在に至る。明星大学教育学部講師、使える授業ベーシック研究会会長、全国国語授業研究会理事。著書に、『白石範孝のおいしい国語授業レシピ』『白石範孝の国語授業のフルコース』『3段階で読む新しい国語授業』①～③『国語授業を変える「用語」』『国語授業を変える「漢字指導」』『国語授業を変える言語活動の「方法」』『まるごととらえる国語教材の分析』（文溪堂）、『白石範孝の国語授業の教科書』（東洋館出版社）など多数。

あるとき「ぼくじょうにいきます（牧場に行きます）」と言ったところ、ひとりの子どもが「えっ！　僕、ジョニー？！」と聞き返し、教室中が大笑い。それ以来、「ジョニー」と呼ばれるようになった。

〈本書でふれた教材〉
新美南吉「ごんぎつね」学校図書『小学校国語』平成27年度4年下
内田莉沙子訳「おおきなかぶ」学校図書『しょうがっこう こくご』平成27年度1年上
椋鳩十「大造じいさんとがん」学校図書『小学校国語』平成27年度5年下
宮沢賢治「やまなし」学校図書『小学校国語』平成27年度5年上
工藤直子「ねがいごと　たんぽぽはるか」童話屋『のはらうたⅢ』
岩崎京子「かさこじぞう」学校図書『小学校こくご』平成27年度2年下
「どちらが生たまごでしょう」教育出版『小学国語』平成27年度3年下
斎藤隆介「モチモチの木」学校図書『小学校国語』平成27年度3年下

編集協力：金子聡一（株式会社 装文社）
デザイン・DTP：有限会社 野澤デザインスタジオ／菅原純子（スガワラデザイン）
写　　真：佐藤正三（株式会社 スタジオオレンジ）
イラスト：佐藤真理子／BURGEON

国語の冒険

2016年3月　第1刷発行

著　　者　白石範孝
発 行 者　川元行雄
発 行 所　株式会社文溪堂
東京本社／東京都文京区大塚3-16-12　〒112-8635
TEL（03）5976-1311（代）
岐阜本社／岐阜県羽島市江吉良町江中7-1　〒501-6297
TEL（058）398-1111（代）
大阪支社／大阪府東大阪市今米2-7-24　〒578-0903
TEL（072）966-2111（代）
ぶんけいホームページ　http://www.bunkei.co.jp/

印刷・製本　サンメッセ株式会社

ISBN 978-4-7999-0174-8　NDC375　192P　188mm × 127mm
落丁本・乱丁本はお取り替えします。定価はカバーに表示してあります。